テーマパーク・アミューズメント事業

知っておきたい

最新トレンドと成功の秘訣

清水群・杉崎聡紀 著

セルバ出版

はじめに

本書を手に取っていただいた皆様、こんにちは。

「テーマパークコンサルタント」の清水群（しみずぐん）です。

本書を手に取っていただき、ありがとうございます。

本書は筆者のテーマパーク勤務や独立後のコンサルテーションの経験から、テーマパークやアミューズメント業界向けに書いた本ではありますが、どのような業種の方でも参考にしていただける情報がほとんどです。

なぜならば、特にテーマパークは物販、飲食、機械整備などの様々な業種から成り立つ業界です。その業界で蓄積された考え方、ノウハウは多くの業界で活用できます。実際に独立後のコンサル先は介護、ウェブサイト制作、食品、ニッチなところではダンプの運送業まで多岐にわたっており、成果も創出しています。

独特な業界の話から読者の皆様の業界でも活用できる話まで、楽しみながらお読みいただければ幸いです。

そして、本書は強力なパートナーとしてレジャーコンダクターの杉崎聡紀さんにも参加いただきました。大学時代にレジャー産業論を研究され、テーマパーク一筋でお仕事をされてきた、まさにテーマパークの住人です。

理論と実践、理想と現実、理念と財務のようにそれぞれの立場からお話していきますが、どのビジネスもどちらかだけでは成立しません。一見、対極にあるものが両輪で回り、相乗効果を生み出すことでビジネスは成立します。同じ業界でも異なる立場で仕事をしてきた二人の相乗効果を感じてください。

ぜひお客様に楽しいと感じていただくことはもちろん、スタッフも働いていて楽しいテーマパーク、アミューズメント業界になるようにお役立てください。

テーマパークコンサルタント　清水　群

2019年8月

テーマパーク・アミューズメント事業
知っておきたい最新トレンドと成功の秘訣　目次

第2章　テーマパーク・アミューズメント業界の基本

第3章　テーマパーク・アミューズメントの近年のトレンドとは

第4章　テーマパーク事業成功の秘訣とは

第7章　テーマパーク&アミューズメント事業の今後の展望

あとがき

執筆担当　第1章、第2章、第3章および第7章の1～5　杉崎聡紀
第4章、第5章、第6章および第7章の6～10　清水群

第1章　テーマパークとアミューズメント業界とは

1　人生になくてはならない場所

レジャーのイメージ

テーマパークとアミューズメント施設はレジャー産業の一部である。レジャーと聞いて皆さんはどのようなイメージを持たれるだろうか？

遊び・休み・楽しみ・余暇などいろいろなキーワードやイメージが浮かぶと思うが、概ね「お休みの日」に楽しむことや行く場所をイメージされるのではないだろうか？

本書では、数々のレジャーの中でも、楽しみに行く場所であるテーマパークやアミューズメント施設にフォーカスを当てて、その成功の秘訣や仕組みに迫っていく。

余暇のタイプ

本題に入る前に、余暇のタイプについて少し考えてみたい。読者の皆さんは、余暇にもいくつかのタイプがあることをご存知だろうか？

古代ギリシャの哲学者アリストテレスによれば、次項の３つのタイプがあるとされている。

ご自身の生活を振り返ってみたとき、どのタイプにあたるのかをぜひ比べてみていただければと思う。まわりの環境や自身の意識によって、過ごし方も変化しているはずである。

①アナパウシス　休息・休養・保養（レクリエーション）→労働生産性を下げないために必要な時間
②パイディア　気晴らし・娯楽（アミューズメント）→ストレス解消
③スコレー　創造的レジャー活動→自己実現・開発

余暇は昔から、人々にとって次の労働に備える休息・休養の時間であった。その後、気晴らしや娯楽の時間が生まれ、体を休めるだけではなく楽しみの時間としても存在するようになる。楽しみの時間をさらによいものとするため、理想的なレジャー時間を過ごしたいと思い、自己実現型の「スコレー」へと発展していくのである。

今日では、それぞれの人が楽しみたい形、充実したレジャー時間を過ごしている自分でありたいと願い、積極的にレジャーの時間を満喫することで、スコレー型のレジャーにシフトしてきている。

読者の皆さんが、普段楽しまれているもしくは提供されているレジャーは、右のどのタイプに当たるだろうか？

パイディア型で終わることなく、スコレー型のレジャーを楽しむ、もしくは提供できるよう、本書がその一助となればと願うばかりである。

レジャーの時間

次に、時間のタイプについて考えてみたい。

人生の時間を区切るとすれば、次の２つに区切ることができる。

・生活必要時間――――睡眠・食事など生きていく上で必要な時間
・自由裁量時間――――生活必要時間以外の時間

レジャーは後者に入っているが、人によっては、人生になくてはならない時間として存在しているケースもある。

睡眠・食事や仕事と並んで、レジャー時間がなくては人生が成り立たない、もしくは充実しない人も増えてきているのも事実である。読者の皆さんはいかがだろうか？

大切な時間の中で

限られた大切な人生の時間の中でレジャーを楽しみ、思い出をつくりたいと願い、選択肢の1つとしてテーマパークやアミューズメント施設を訪れる訳である。選ばれる時間・場所となり成功するには何が必要なのかを本書では紐解いていく。

一定の法則や成功要因があるのだろうか？　サービスや経営面、安全管理など様々な切り口から読者の皆さんの疑問に答えていく。

忙しく毎日を過ごしている現代人にとって、大切な時間の中からレジャーの時間を捻出するからこそ、満足度が高く充実した時間にしたいと誰もが願っている。

お客様が過ごすその瞬間は二度とやってこない。だからこそ、成功しているテーマパーク・アミューズメント施設は常に本気であり、常に全力であることは間違いないのである。

2　レジャー産業の現状

レジャー白書

テーマパークやアミューズメント施設に絞ってみていく前に、もう少しレジャー産業全体について理解を深めていくことにしたい。読者の皆さんは公益財団法人　日本生産性本部が毎年発行している「レジャー白書」をご存知だろうか？

レジャー白書では、「参加人口」（1年間に1回以上、そのレジャー活動を行った全国の人口を表す）を毎年集計しており、この順位を見ることでどんなレジャーに興味・関心があるのかを知ることができる。

レジャー参加人口の移り変わり

次項の参加人口の推移をご覧いただくと、この10年での大きな変化に気がつく。ウォーキングやショッピングなど、今まで上位にあがってこなかったものが20位以内に入ってきているのである。

一方で、２０１７年には、ついに遊園地が20位未満となりランキングから外れている。ＳＮＳでのコミュニケーションがレジャーに成り得る時代、リアルの体験にいかに付加価値を付け高めていくかが重要になっていると言える。

若者のテーマパーク・遊園地離れ

参加人口ランキングの推移のとおり、筆者の体感でもテーマパーク・遊園地に足を運んでいる人が減っている実感がある。

【図表１　レジャー白書　参加人口ランキング】

順位	2007年（平成19年）	2012年（平成24年）	2017年（平成29年）
1	外食（日常的なものを除く）	国内観光旅行	国内観光旅行
2	国内観光旅行	ドライブ	外食（日常的なものを除く）
3	ドライブ	外食（日常的なものを除く）	読書
4	カラオケ	映画（テレビは除く）	ドライブ
5	ビデオ鑑賞（レンタル含む）	音楽鑑賞	映画（テレビは除く）
6	宝くじ	カラオケ	複合ショッピングセンター アウトレットモール
7	動物園・植物園・水族館・博物館	動物園・植物園・水族館・博物館	音楽鑑賞
8	パソコン（ゲーム・趣味・通信など）	宝くじ	動物園・植物園・水族館・博物館
9	映画（テレビは除く）	ビデオ鑑賞（レンタル含む）	ウォーキング
10	音楽鑑賞	園芸・庭いじり	カラオケ
11	バー・スナック・パブ・飲み屋	テレビゲーム（家庭での）	温浴施設
12	テレビゲーム（家庭での）	トランプ・オセロ・カルタ・花札など	ビデオ鑑賞（レンタル含む）
13	園芸・庭いじり	学習・調べ物	ウィンドウショッピング
14	**遊園地**	音楽会・コンサートなど	宝くじ
15	トランプ・オセロ・カルタ・花札など	ジョギング・マラソン	音楽会・コンサートなど
16	ピクニック・ハイキング・野外散歩	バー・スナック・パブ・飲み屋	園芸・庭いじり
17	ボウリング	帰省旅行	SNS・ツイッターなどの デジタルコミュニケーション
18	音楽会・コンサートなど	体操（器具を使わないもの）	体操（器具を使わないもの）
19	帰省旅行	**遊園地**	トランプ・オセロ・カルタ・花札など
20	ジョギング・マラソン	写真の製作 ピクニック・ハイキング・野外散歩 （同数）	ジョギング・マラソン テレビゲーム （同数）

レジャー白書を参考に筆者にて表作成

筆者が大学や高校の授業の中で「テーマパークに行ったことがある人」と質問する機会があるのだが、手が挙がる割合が年々減ってきているのである。

テーマパーク&アミューズメント・レジャーを推進する身としては、一抹の不安を覚えざるを得ない。

救いなのは、企業や団体向け研修で30歳代以上の方を対象とする研修の場合は、概ね半数以上の方が手を挙げてくださることだろうか。

人々が今まで以上に足を運びたくなるような、テーマパーク・アミューズメント施設を提供する必要性が以前にも増して高まっていると言える。

3　質の高いレジャーが求められる

多くの選択肢がある中で

レジャー白書でもわかるとおり、数年前まではレジャーとして浸透していなかったものが、手軽なレジャーとして定着している時代である。

スマートフォンやパソコンで遊ぶゲームの時間を、レジャーとして満喫している人も多い世の中。多種多様な選択肢がある中では、他のレジャーよりも質がよく、満足度の高いものでなければ人々は選択しないのである。

選択される施設に必要なこと

今や競合が同業他社だけではない時代、競合施設の成功例をマネをするだけの施設は、将来生き残ることが難しいのは明白である。独自性を追求し、お客様が求めるものをタイムリーに、そして的確に提供できることこそが今の施設には求められている。

さらに、施設によっては国内からのお客様だけではなくインバウンドのお客様（海外からのお客様）にも楽しんでいただけるものを提供できなければ、生き残っていけない時代。ターゲットとする客層に合わせて何を提供するのか、タイムラグなく実行できる力も問われていると言っても過言ではない。

費用対効果を考える

企業として投資を行う場合、当然ながら費用対効果を考えるが、来場するお客様はさらにシビアに費用対効果を考えている。安かろう悪かろうでは集客できず、撤退に追い込まれた施設も多い。一方で、価値に見合った価格設定を行い、良質のレジャー体験を高価格で提供している施設も少なくない。

大切な時間とお金を使い、多くの選択肢の中からテーマパークやアミューズメント施設を選んだお客様は、その価格に見合った質と量のサービスを受け、満足するレジャー時間を過ごせたのかをシビアに見ている。

武器になる情報共有の速さ

現代のお客様は、昔よりもはるかに多くの情報から必要な情報を取捨選択し、訪れるレジャー施設を決定している。その選択肢の中に残り、選ばれた場所にだけお客様は訪れているのである。

訪れた結果は、即座にＳＮＳで情報が広がり、別のお客様の手助けとなるとともに、その施設の良さを広げる一助となっているのが、ここ数年の動きである。

4　サービスレベルの向上

普段の生活で質の高いサービスが受けられる

普段の生活や買い物の中で、テーマパークやアミューズメント施設、ホテルのようなホスピタリティに溢れたサービスを受けることができるようになった現代。わざわざ足を運ばなくてはよいサービスが受けられないという環境ではない。

テーマパークやアミューズメント施設において、日常で受けられるものと同じレベルのサービスを提供していたのでは、お客様は「普通のサービス」として認識し、満足するに至らない。これは、施設規模の大小に関わらず同じである。

普段受けられない質の高いサービス

施設側は、お客様が事前設定した期待値を上回ることが重要である。これをクリアし普段の生活では体験できないサービスが受けられる施設が成長し、お客様に支持されているのである。

ソフト面、ハード面の両方もしくは、そのどちらかで非常に質の高いサービスを提供できている必要がある。

ソフト面である従業員からお客様への「人によるサービス」のレベルの向上は、テーマパーク・

アミューズメント施設では当然必要なものであり、お客様も敏感に反応し、施設の評価にも大きく影響してくる。また、食事やおみやげ品のレベル維持・向上も大切である。

一方のハード面とは、「施設面でのサービス」レベルの向上である。最新のものだけではなく、お客様のニーズに沿ったものを揃えるということはもちろん、レトロやアナログなものであっても丁寧に整備し、質を維持できているかどうかも重要である。

常に最新である必要はない

ソフト・ハード両面でサービスレベルの向上は必要だが、それが必ずしも最新トレンドを加味したものである必要もない。

よいものをよい質のまま維持し、提供し続けることが安全・安心につながりリピーターを生む原動力になるケースもある。

一方で、最新のものを取り入れても、質を維持できず結果的にサービスレベルを落とすことになり、集客につながらないケースがあることも事実である。

施設外のサービスレベルの状態を常にリサーチし、サービスレベルを向上させるために何が必要かを考え、行動に移すことが肝要である。

維持する部分、変化させる部分を見極め、お客様に支持される質の高いサービスを提供できる施設が、今は求められている。「このままで大丈夫」と思った時点で減衰の道をたどることになる。

5　テーマパークと遊園地

テーマパークの定義

テーマパークと遊園地の違いについて確認しておきたい。読者の皆さんは、その違いについておわかりになるだろうか？

辞書・大辞林によれば、テーマパークとは「特定のテーマに基づいて、施設・イベント・景観などが総合的に構成され演出されたレジャーランド」のことをいう。

乗り物以外もテーマに沿っている

遊園地では、各乗り物（遊具）やショーにはテーマがあり、設置・運営・上演されているが、園全体が1つのテーマに基づいて構成されていない。

一方でディズニーのテーマパークであれば、ディズニーの映画やアニメーション、物語に基づいて構成されている。ユニバーサルのテーマパークであれば、映画やシーズンごとのイベントテーマや厳選されたコンテンツの世界観に基づいているので、おわかりいただけるものと思う。

テーマパークでは乗り物だけではなく、おみやげや飲食物までもがテーマに基づいて提供されている。

従業員の配置基準

それぞれの施設で基準があるので一概には言えないが、概ねテーマパークにおいては遊園地よりも従業員の配置は手厚い（人数が多い）。

もちろん、利用者が多いこともあるが、人を介してのサービスや極力待たせることなく安全に楽しんでもらえるよう、一定基準に基づいて配置されている。

遊園地であれば、1人の従業員がチケット確認・人数確認・誘導・安全装置の確認・機械操作をこなすが、テーマパークでは分業されている。

効率的にしかも満足度の高いサービスが提供できるように基準が決められ、工夫されている。

運営・安全基準

運営・安全基準もテーマパークのほうが厳格である。マニュアルに基づいて複数の従業員の目で判断し、一定水準以上の安全性を保ちながら運営されている。

テーマパークだから安全で、それ以外では不安全ということではない。しっかりとした運営・安全基準があり、それをもとに運営されている施設かどうかが重要である。

近年、遊園地においても基準の厳格化が進んでいるが、マニュアル整備とともに働く従業員の意識改革・向上が伴うことが安全な運営の大前提である。意識向上とともに安全を意識した企業文化の醸成も必要であり、それを実現できた施設が安全・安心なパーク運営を果たしているのである。

6　ショッピング施設のアミューズメント化

ショッピングセンターでレジャー

読者の皆さんがアミューズメント施設を考えるとき、イメージするのは遊園地やカラオケ、ボーリング、ゲームセンターなどだろうか？

遊ぶ施設がレジャーの対象だと思われがちだが、前出のレジャー白書ではショッピングもレジャーとなっており、ショッピングの参加人口ランキングが近年上位であることも興味深い。

生活必需品を買うショッピングはもちろん、ショッピングセンターで買い物をしつつ、付随するアミューズメント施設で楽しむという読者の皆さんも少なくないのではないだろうか？

ショッピングだけの場所ではない

大学でレジャー産業論を研究していた20年ほど前、ショッピングセンターは主に買い物に行く場所に過ぎなかった。卒業論文ではいずれレジャー施設化すると推察していたが、その想定よりもさらに大きな規模でショッピングセンターがアミューズメント施設化していることは、読者の皆さんも実感するところではないだろうか。

シネマコンプレックス（複合型映画館）や水族館、観覧車などを併設した大型のショッピングセンターが、特に郊外を中心に増えている。買い物をして帰るのはもちろんのこと、買い物以外を目的に訪れる方も少なくない。

期待値は上昇している

身近なショッピングもレジャー化している時代。テーマパークやアミューズメント施設のサービスや施設のクオリティ、安全な運営は今まで以上にシビアに見られていることを、意識しておく必要がある。

日頃訪れる場所でよいサービスを受け、満足するレジャー時間を過ごしている人々が、テーマパークやアミューズメント施設に足を運んだ時に期待するものは大きく、施設側はその期待を上回るものを提供しなければならないと言うことがおわかりいただけるだろう。

テーマパーク・アミューズメント施設を訪れる際には期待値が上がっており、この期待値は日を追うごとに高まっていることを強く意識しておく必要がある。

なぜならば、ショッピングセンターや小売店・飲食店は、テーマパークよりも過酷な競争環境の中にある。そのため、自施設や自店舗への来店を促し、売上を伸ばすために、競合他店だけではなく他業種への視察・研究を重ね、即座によい点を取り入れ、悪い点を改善しサービスレベルを高めているからである。テーマパーク・アミューズメント施設は特に注目され研究対象となっていることを意識する必要がある。

7　身近になったテーマパーク・アミューズメント施設

特別な場所

筆者の子ども時代、テーマパークや遊園地は、夏休みの宿題を終えた後、ご褒美旅行として連れて行ってもらう場所であった。一方でカラオケやボーリング場は、家族や友人とともに頻度高く訪れ、楽しい時間を過ごしていた記憶がある。

今日においても、レジャー時間を楽しむにあたり、テーマパークやアミューズメント施設が特別な場所であることは間違いない。

心理的ハードルが下がっている

しかしながら、テーマパークやアミューズメント施設でのレジャーが浸透し、過ごし方・楽しみ方を知る世代が増えた今、昔ほどテーマパーク・アミューズメント施設に対する心理的ハードルは高くないのではないだろうか。

なぜならば、インターネットやテレビなどで情報が簡単に手に入り、それをもとに実際に自分がどのようにすれば、充実したレジャー時間を過ごせるのかを知ることができるようになったからである。

さらには、長距離バスやＬＣＣ（格安航空会社）、高速道路整備など交通網の充実によって、いろいろな移動手段が選択できるようになったことも、心理的ハードルを下げる好条件になっている。

三世代で

仕事とプライベート両方でテーマパークや遊園地に足を運ぶ機会が多い筆者だが、テーマパークやアミューズメント施設を歩いていて感じるのは、二〜三世代で一緒に遊びに来ている家族が多いことである。

若者が行く場所というのは昔の話。東京ディズニーランドやユニバーサル・スタジオ・ジャパンなどの大型テーマパークを幼少期に体験した人は、今や親世代。当時親だった世代も今は、おじいちゃんやおばあちゃん。テーマパークでの過ごし方を知っているので皆で一緒にパークを訪れている。

世代を超えて一緒に楽しんでいる姿は、テーマパークだけではなく遊園地やアミューズメント施設でも見ることができる。

過ごし方を知っているというのももちろんあるが、世代を超えて楽しめる工夫があることも、心理的ハードルを下げている要因とも言える。

世代ごとに楽しめる施設やアトラクション（遊具）・ショー、食事やおみやげまでもが考えられている施設であれば、二〜三世代で訪れるケースも少なくないだろう。

8　テーマパークとアミューズメント施設の集客力

集客実績

アメリカに本部を置くＴＥＡ（Themed Entertainment Association ＝テーマエンターテインメント協会）発表の世界の入場数ランキングは図表2のとおりである。

【図表2　2018年　世界のアミューズメントパークランキング】

順位	名前	場所	入場者数
1	MAGIC KINGDOM	アメリカ・フロリダ州（WALT DISNEY WORLD RESORT）	2,086万人
2	DISNEYLAND PARK	アメリカ・カリフォルニア州（DISNEYLAND RESORT）	1,867万人
3	東京ディズニーランド	日本	1,791万人
4	東京ディズニーシー	日本	1,465万人
5	ユニバーサル・スタジオ・ジャパン	日本	1,430万人
6	DISNEY'S ANIMAL KINGDOM PARK	アメリカ・フロリダ州（WALT DISNEY WORLD RESORT）	1,375万人
7	EPCOT	アメリカ・フロリダ州（WALT DISNEY WORLD	1,244万人
8	SHANGHAI DISNEYLAND	中国	1,180万人
9	DISNEY' S HOLLYWOOD STUDIOS	アメリカ・フロリダ州（WALT DISNEY WORLD RESORT）	1,126万人
10	CHIMELONG OCEAN KINGDOM	中国	1,083万人
11	UNIVERSAL STUDIOS FLORIDA	アメリカ・フロリダ州（UNIVERSAL ORLANDO RESORT）	1,071万人
12	DISNEY CALIFORNIA ADVENTURE PARK	アメリカ・カリフォルニア州（DISNEY LAND RESORT）	986万人
13	DISNEYLAND PARIS	フランス	984万人
14	UNIVERSAL'S ISLANDS OF ADVENTURE	アメリカ・フロリダ州（UNIVERSAL ORLANDO RESORT）	979万人
15	UNIVERSAL STUDIOS HOLLYWOOD	アメリカ・カリフォルニア州	915万人
16	HONG KONG DISNEYLAND	香港特別行政区	670万人
17	LOTTE WORLD	韓国	596万人
18	長島スパーランド	日本	592万人
19	EVERLAND	韓国	585万人
20	OCEAN PARK	香港特別行政区	580万人

TEA発表The Global Attractions Attendance Reportを参考に筆者にて表作成

東京ディズニーランドや東京ディズニーシー、ユニバーサル・スタジオ・ジャパン、長島スパーランドが世界のランキングでも上位20位以内に入っていることがわかる。

この4パークを合わせた入場者数は延べ約５３００万人である。インバウンド客がおよそ2割と仮定すると、４０００万人程度の日本人が訪れている計算になる。

他にも国内にはアミューズメント施設が多数あることを考えると、日本人の３人に１人以上が、テーマパーク・アミューズメント施設を訪れていることになる。

少子高齢化の中で

少子高齢化社会の中で、テーマパーク・アミューズメント施設の集客の鍵になるのが、高齢者とインバウンド客である。立地によって、どちらかに分かれる場合もあれば、両方を取り込む必要が出てくる場合もある。

世界のランキングに入っているテーマパーク・アミューズメント施設ですらこの先、安定的に集客できるかどうかはわからない。世界から訪れるお客様に対して、満足度の高いサービスを提供する必要があり、その対応が迫られていることも事実である。

東京ディズニーリゾートやユニバーサル・スタジオ・ジャパンでは、配布されるガイドマップやウェブサイトの多言語化が進んできている。新設アトラクションでは英語の字幕表記を入れたり、パーク内の放送を多言語化する動きも出てきている。

高齢者に対しては、アトラクションやショーだけではなく、季節ごとに変わる植物を見て回ったり、ゆっくり景色を眺めながらご飯を食べたり、お茶を飲む過ごし方の提案。ホテル滞在を前提とした楽しみ方を提案し、無理なく楽しめる場所であることをアピールする施設も増えてきている。

ベンチの増設や休憩スペースの提供などハード面も大切だが、過ごし方の提案を行うことで集客を伸ばすこともできる。

9　「家族サービスの場」から「全員で楽しむ場」へ

テーマパーク文化の浸透

テーマパーク・遊園地は、子どもが行きたがるので「家族サービス」と称してお父さんが連れて行くというのが昔のスタイル。別の言い方をすれば、お父さんが連れて行かれ、現地到着後は「好きなところに行っておいで。お父さんはコーヒー飲んで待っているから」という具合である。

このスタイルに疑問を持ったのが、ディズニーランドを創り上げたウォルト・ディズニーである。ウォルトは娘を遊園地に連れて行った際に「大人も子どもも一緒になって遊べる場所が必要だ」と思い、ディズニーランドを創りあげ、そのビジネスは今や日本でも浸透しているのは、ご存知のとおりである。

１９８３年にオープンした東京ディズニーランドは、日本にテーマパーク文化を浸透させることに成功。子ども時代にテーマパークに触れた子どもたちは、今や親世代。同時に、子どもたちをパークに何度も連れ行った親たちの世代もまた、歳を重ねテーマパークを知る世代でもある。

新しいレジャー時間の過ごし方を知っている世代が増え、テーマパークという選択肢が日本人の中に浸透してきている。

家族サービスの場ではなく、全員で楽しむ場として認識されはじめている。

自分なりの過ごし方を知っている

テーマパークに通った世代は、どのように過ごせば充実した時間を過ごせるのかを知っている。アトラクションやショー、おみやげ、食事。過ごし方に決まりはなく、自分なりに楽しさを見つけ、過ごすことができることを実体験から知っているのである。

家族の場合、子どもたちはアトラクションを中心にまわる。もちろん大人たちもついていくことになるが、一緒にアトラクションを楽しむことができたり、時間を共有することができることを知っている。また食事、おみやげも楽しみの1つであり、その時間を楽しむ家族も多くなっている。

アトラクション、ショーは各々好きなものをまわり、食事や買い物は一緒に過ごすケースもあるだろう。男女別々にまわる家族もあり、それぞれの興味・関心に応じて満足できるレジャー時間を過ごしていると言える。

家族に限らず

最近は、お揃いのTシャツを着たり、「身につけグッズ」を持ちながら、楽しいおしゃべりと時間を共有するグループ。写真を撮ったり、食事をしたり、思いっきりはしゃぎながらアトラクションやショーを利用するカップルを多く見かける。世代を問わず、自分なりの楽しみ方を知っている。世代や男女、家族構成に合った過ごし方・楽しみ方を提案・提供できる施設が、今後はさらに求められてくる。

10　お客様が求めるレジャー時間を提供する

シビアに見られている

限りある時間を使って楽しむにあたって、お客様が質の高いレジャーを求めていることはおわかりいただけただろう。

その中で選択される施設になるためには、お客様が求めるものを提供できているかどうかにかかっている。施設として提供したいものではなく、お客様が求めるものをタイムリーに提供できているかどうかが、鍵である。

大切な時間とお金を使うからには、失敗しないレジャーを過ごしたいと考え、シビアに行き先を見極めている。そこで選ばれ来場につなげなければならない。

失敗しない場所

失敗するためにその場所に足を運ぶ人はいない。「行ってよかった」「体験してよかった」と自身が思えることはもちろん、家族や友人・恋人から「連れてきてくれてありがとう」と言われるような体験をしたいと願っている。

その願いを確実に叶えられるようにするために、お客様を理解し、その期待を上回るものが常に提供できるよう、施設側は努力を重ねて行く必要がある。

求められるものは変化する

お客様が求めるレジャーは、時代とともに変化する。施設の内容やコンセプトに影響するものもあれば、レジャースタイル（過ごし方）が変化していくものもある。

例えば、テレビゲームやバーチャルリアリティ（ＶＲ）の出始めの頃は、映像系のコンテンツを導入すればヒットした施設も少なくないが、それは昔の話。もはや、手のひらの中のスマートフォンでクオリティの高いゲームや映像が楽しめる世の中。わざわざ施設に足を運ばなくてもよい時代に、何が必要かを考えなければならない。

また、レジャースタイルも変化している。自然や環境への関心の高まりや、滞在型レジャーの浸透によって、注目される地域、日数や時間数も変化してきている。

選択されてからが勝負

成功する施設として認識され、来場につながった段階ではあくまでも入口部分に過ぎない。来ていただいたお客様に満足していただくためには、何が必要なのか。その基本部分を第２章で考えて行く。第３章以降では、テーマパーク・アミューズメント施設のトレンドや成功の秘訣を考え、仕組みに迫っていきたい。

第2章　テーマパーク・アミューズメント業界の基本

1　お客様目線で考える

大切な時間を使って訪れたい場所

読者の皆さんが行きたくなると思うテーマパーク・アミューズメント施設はどちらだろうか？

・興味のない体験を提供してくれる施設

・楽しい体験を提供してくれる施設

もちろん後者「楽しい体験を提供してくれる施設」だろう。

当たり前のことではあるが、興味のない体験を提供してくれる施設にお金を払って訪れるお客様はいない。たとえ無料であっても、自分の大切な時間を使って、訪れるという人は多くはない。

ニーズにマッチしたものを提供する

しかしながら、この大切なポイントを抑えずに集客しようと苦心している施設があることも事実である。運営・経営側が提供したいと思うものや、お客様に喜んでいただけると思い込んで提供しているケースも実際には存在している。

お客様が何を求めているのかをしっかり把握し、ニーズにマッチしたものを提供する必要がある。

表面ではなく心の奥を読む

年齢・性別・地域、そのときの社会情勢や、流行りによって求められるものは刻一刻と変化していることは、読者の皆さんのご存知のところであろう。

実際、筆者が研修などで施設に伺う際にも、マネジメントの方、アトラクションやイベント運営を実際に行う方から、「どんなものを導入すればいいのか？」と相談を受けることも少なくない。

ポイントは「お客様が何を求めているかを深く見ること」である。消費者（お客様）インサイトといって、お客様が表面的ではなく、心の奥底で考えている、本当に行きたい・楽しみたいと思う内容である。

流行や対象年齢層・性別で興味あるものとして考えられるものは、本当にそのお客様が求めていることなのかを深く考える必要がある。

ハロウィーンイベント

ここ数年でハロウィーンの仮装やイベントが各地で流行を見せている。お客様はハロウィーンの本来の意味や内容を理解し、それを楽しみたいと思って訪れているのだろうか？

実際のところは、「仮装して日常の自分から解放されたい」とか「みんなでワイワイ楽しみたい」「ゾンビを見て、思いっきり叫んでストレス発散したい」と思っているのではないだろうか？

となれば、ハロウィーンにこだわらず、その本当のニーズに応えられるものを提供しなければならないのである。

聞いてみる

お客様の考えていることは、表面的な部分しかわからないことも多い。実際に筆者もチケット戦略や接客サービスレベル向上業務などでこの壁にぶつかったこともある。

仲間とともに考えに考え抜いて実施しても、お客様には全く響かなかったこともあった。お客様の気持ちになって考えてみようと思っても、お客様の気持ちの奥底までは理解できない。

そこで、大型のテーマパークや施設で行われているのが、アンケート調査やインタビューである。その場で質問に回答するものもあれば、用紙を渡されて回答し返送するもの。最近ではウェブサイトを閲覧しているときに、質問されるケースもある。

大掛かりである必要はないので、実際に施設内においてできる範囲でお客様に口頭で質問するとともに、お客様の行動を観察してみるという方法もある。

身近なお客様として知人・家族に質問してみるだけでも収穫はある。筆者は何度も経験済みである。「え？　そうなの？」と何度言葉を発したことか。

関係者のみで考え・悩むだけではなく、お客様やそのプロジェクトや業務に携わっていない人に聞いてみることをおすすめする。

お客様が心の奥底で考えている実際のニーズに少しずつ近づけるはずである。

2　変化と進化

求められるものに応じて変化する必要性

お客様が心の奥底で考えているものを考え抜き、提供し続ける。それは刻一刻と変わるものであるから、常に未来を見据えて戦略を練り、実行していく力が求められている。

一度決めたから、数年そのままでというスパンでは、支持されるテーマパークやアミューズメント施設にはならない。固定客は囲い込めても、それ以上の広がりはなくなってしまう。だからこそ、ニーズの変化に合わせて、施設も運営会社も変化していく必要があり、その風土醸成ができているかが、明暗を分ける。

変化に対応できない施設は、時代に取り残され、いずれ支持されなくなってしまう。変化を繰り返し、進化していく必要がある。

ニーズを察知し変化する

テーマパークは、今日では現実世界ではなかなか成し遂げられないことを実現できる場所としても浸透している。

思いっきりはしゃいだり、楽しんだり、叫んだり、カチューシャなどの「身につけグッズ」をつけたり、本格的なコスプレをしたりすることが当たり前になっている。ほんの数年前までは、シャイな日本人には考えられなかったテーマパークでの過ごし方である。

これも時代の流れやお客様の潜在的なニーズを察知し、サービスとして取り入れたからこその結果である。

これからも恐れずに、お客様のニーズに合わせて変化していく必要がある。

ファンと一緒につくり上げる

各パークのハロウィーンイベントはもちろん、アニメーションやエンターテインメントブランド、いつも遊んでいるおもちゃの世界観をつくり上げている施設が増えてきている。

お客様は、それぞれが楽しみたいスタイルでパークに滞在し、自分の時間を楽しむようになってきている。

近年では、コスチュームでの入場を許可し、客層に合わせたアトラクションやショーをつくり込み、商品や飲食物をファンに支持されるコンテンツで提供。これにより、ファンを取り込んでいる施設も多い。

一昔前は、提供する側が世界観をつくり出し、その中で楽しんでもらうというスタイルだったが、最近ではお客様もその世界観をつくり上げる一要素となって、ともに楽しむ仕組みがつくり上げられている。

変化を恐れない風土

テーマパークを例に見てみよう。ディズニーのテーマパーク、特に海外パークにおけるＩＴ（情報技術）の取り込みと進化のスピードが早いことに気づく。ポリシーとして、人の手を介してサービスを提供し、パーク内では日常を感じさせないというのが長年貫かれてきた。

しかし、ニーズとしては「もっとスマートに早く、パークの外と同じように、パーク内の滞在を楽しみたい」というものであった。これに応えるべくスマホアプリの導入や、アプリからのレストランオーダーなどが取り入れられていった。その流れは、今や東京ディズニーリゾートにも。

時代の流れに応じて変化させることを恐れずに行う施設が、今後も成長を続けていくことは間違いない。

今までの流れを踏襲するだけではなく、変化を恐れず前進していく組織・風土が重要である。

永遠に完成しない場所

ディズニーランドを創り上げ、世に送り出したウォルト・ディズニーは「ディズニーランドは永遠に完成しない。この世界に想像力が残っている限り、成長し続ける」と語っている。

お客様のニーズや考え方の変化に合わせ、その時代に即したものを創り上げ提供し続けることが必要である。お客様の好みや環境の変化とともに成長・変化するテーマパーク・レジャー施設が生き残り続けるのは、昔も今もそしてこれからも変わることはないのである。

3　いつでも誰でも同じサービス

同じ空間・体験

つくられた空間ではあるものの、実物以上にリアルな空間でもあるテーマパーク。年齢も国籍も、学生かどんな仕事をしているのかなどは関係ない。

収入やライフスタイルの違いに関係なく、入場料を払えば同じ空間・体験を共有できるのがテーマパークである。パークへの優先入場や待ち時間短縮チケットなどもあり、それぞれの楽しみ方に応じて料金がかかる場合があるが、同一クオリティで同一のものが誰でも楽しめる空間であることに変わりはない。

これは、テーマパーク以外のアミューズメント施設でも同様で、人によって違う体験ということはない。基本的には、同じサービスが受けられ、皆が同じ体験を共有できる場として存在している。

共通の気持ち

そこにあるのは、「楽しみたい」と思う共通した純粋な気持ち。大人も子どもも関係なく皆がその思いを持ち、それを実現できる場所。レジャーの1つの選択肢としてそこに存在しているのである。

「楽しみ」の空間として存在し、それを提供しているテーマパーク・アミューズメント施設は、魅力的であり、必要とされる存在である。

一緒につくり出す

数年前までは、テーマパークでの楽しい体験は、提供する側がつくり出し、それをお客様が体験するものであった。

近年ではお客様がその空間を演出する役割を担う場面が出てきている。楽しみを一方的に受け取る側から受け取り発信し、テーマパークレジャーを一緒につくり出し楽しむようになってきている。これこそ、現代のテーマパークの成功の鍵の1つでもある。

自分だけのもの

いつでも誰でも同じサービスが受けられるという基礎があるからこそ、さらに「自分だけの」体験・ものが求められている。この基礎部分がしっかりしているというのがポイントである。

みんなと同じ体験だけではなく、自分だけが知っている穴場ポイントや過ごし方。アトラクションやレストランに隠されたバックグラウンドストーリーなど、さらに楽しめるポイントをお客様に提供できると、体験はさらに特別なものになり、それは自然と他の人に伝えたいという欲求になって表れ、多くの人に発信されるのである。

4　サービスとホスピタリティ

お客様の心を動かす感動

テーマパーク同様の満足度の高いサービスが街中のお店にも入り込み、日常的に感動体験がSNSを通じて瞬時に共有される時代。

読者の皆さんが心を動かされる感動体験とは、どのようなものだろうか？　テーマパークやアミューズメント施設で、感動体験をしてもらうには何が必要かを考えてみたい。

違いは何か

その前に、サービスとホスピタリティの違いについて、少し考えてみたい。読者の皆さんはこの違いについて考えたことはあるだろうか？

筆者は、講演や授業で次のようにお伝えしている。

・サービス　　　　　誰に対しても平等に行うもの（最低限行うこと）
・ホスピタリティ　　1人ひとり目の前のお客様に合わせて行うもの

様々な考え方があり、右記だけが正解ではない。読者の皆さんのイメージに合っていただろうか？

質の均一化

誰にでも平等に行われる「サービス」の質が、高ければもちろんよい。質にムラがあっては信頼を失うことになるため、全員に対して同じ質で行われていることが大前提であり、気をつけなければならない点である。

均一化されたサービスを基に、感動体験を提供しリピート率を高める工夫が必要なのである。

意外性の演出

誰にでも平等に行われる質の高い「サービス」を受けられたとして、読者の皆さんはそれをどう感じるだろうか。

満足度高く、「よいサービスを受けられたな」と感じることはあるが、慣れてしまうとそれは「普通」になってしまう。

普通を普通でなくすために、意外性のあるサービスや演出が必要になってくる。全員に平等に意外性のあるサービスを常に提供・演出するのはとても大変なことである。

ホスピタリティの重要性

そこで必要なのが、ホスピタリティである。１人ひとり目の前のお客様に合わせて行うものという性質上、人によって異なる体験を提供することになる。なぜならば、パターン化されたサービスではなく、そのときのお客様の状況に合わせて提供していく必要があるからである。

テーマパーク・アミューズメント施設においては、1日に数千〜数万人が訪れる。数多く来場するお客様の1人に過ぎないとお客様は思っている。

その中で、一対一でその人にあったものが提供されれば、意外性とともに感動体験を提供・演出することが可能となる。もちろん、これはショッピングセンターや小売店などでも同じことが言える。

難しく考えない

「そのピアスかわいいですね」「あ！　みなさんでお揃いのTシャツなんですね。似合っていますね」「今日は、何が一番おもしろかったですか？」ちょっとした一言だが、言われたお客様のほうは、自分のことを気にかけてくれていると感じ、一対一のコミュニケーションにもなり、一対多数ではないことを実感できる。前出のコメントはすべて筆者が妻や仲間とともにテーマパークを訪れた際に、実際に話しかけられた言葉である。

この一対一であることが、大勢の来場客を迎えるテーマパーク・アミューズメント施設では意外性と感動体験を生むことになる。

前出の言葉をかけられた妻や仲間は実際にそう感じ、帰路では「話しかけてもらえた」「自分のことをちゃんと見てくれているんだね」と感想を述べていた。

話しかけの内容は意外にも簡単ではあるが、これがなかなかできていないのも実情である。難しく考えず、とにかく話しかけてみること。その話しかけが感動体験を生むことを意識する必要がある。

ポジティブ・インターアクション

近年、ユニバーサル・スタジオ・ジャパンにおいて、この話しかけが多く行われていることを読者の皆さんはお気づきだろうか。本やネットニュース、テレビ番組などでも取り上げられているので、ご存知の方も多いかもしれない。

「ポジティブ・インターアクション」といって、お客様1人ひとりに話しかけることによって感動体験を生み出し、感情的なつながりを持つことである。

東京ディズニーリゾートなどでも多くの声かけが行われているが、量の多さと内容の多様さにおいて、ユニバーサル・スタジオ・ジャパンのポジティブ・インターアクションは現時点においては、特殊であると言える。

現時点でとあえて書いたのは、この先もユニバーサル・スタジオ・ジャパンの特徴的なサービスとして進化をつづけていけるのか、世の中の普通となるのかがわからないからである。

ここ数年でこのポジティブ・インターアクションの手法を取り入れる、もしくは研究している施設も増えてきている。

ホスピタリティは時代とともに成長・進化し、感動体験を生み出し続けるのである。

5　チャレンジする風土と文化

時代の流れ

アトラクションや音楽に流行りがあるのと同じように、サービスや商品・飲食にもその時代の流れがあることは確かである。

伝統を守り抜く必要があるものであれば別だが、そうでない場合には時代の流れに合わせて変化をさせていく必要性に迫られる。

アトラクションは変えることが難しい？

装置の大小に関わらず、アトラクションについては、一度設置してしまうと、十数年〜数十年のスパンで、簡単に変更（撤去・入れ替え）することは難しい。よって、時流の変化や今後十数年のニーズや状況を予測し、導入・設置するものを選定していくことになる。

その予測が当たったとしても、導入から十数年ずっと、施設の入園者を増やす起爆剤になるわけではない。時間が経つとともに人気度は下がり、徐々に起爆剤・牽引する役割を後発のアトラクションに譲ることになる。

変化の形は様々

装置であるアトラクションは設置してしまうと、変化させるのが難しいと考えられていたが、近年では、工夫することで別の魅力を付加させ、人気を再燃させているものもある。

装置ごと変えるのではなく、目隠しして乗車したり、ＶＲゴーグルを装着して乗車するローラーコースターとしたり、既存装置をそのまま活用して、別の体験価値を提供しているテーマパーク・アミューズメント施設も数多くある。

変化を恐れない

ひらかたパーク（大阪府）のように、アイデアでアトラクションの魅力を増し、話題性に富んだ運営をしているパーク。

ユニバーサル・スタジオ・ジャパンや東京ディズニーリゾートのように既存アトラクションを活用してシーズンごとに、アトラクションの内容を変えるなど、変化をつくり出すことによってお客様を増やしているパークも多い。

工夫１つでよい結果をもたらすこともある。変化を恐れずチャレンジする施設が、規模の大小を問わず成長し発展している。

お金と人を投入しなければ変えることができないわけではない。もちろん潤沢にヒト・モノ・カネや情報があればいいのだが、逆にそれだけあってもよい変化をもたらすとも言えない。

共通認識にする

変わること、変えることには心理的負荷や周りからの反応があり、なかなか踏み込めないことも多い。

しかしながら、「ディズニーランドは永遠に完成しない」というウォルト・ディズニーの言葉のとおり、変化するお客様のニーズに応え、成長していくテーマパーク・アミューズメント施設に完成形はなく、常に変化・進化し続ける必要があるのである。

その気持ちや方針を組織の全員が理解し、共通認識として持てるかどうかが鍵となる。

チャレンジし続ける

ただ単に「チャレンジする！」「常に変化する！」とスローガンのように唱えるだけでは、それは共有認識にはならない。

なぜ変える必要があるのか、そしてそれをなぜ全員でやる必要があるのかを、マネージメント層から積極的に伝え、愚直に実践し続ける必要がある。それは数か月というスパンではなく、数年のスパンである。

私の経験では、概ね5年程度は定着までに時間が必要。その間、常に実直に行動で示していく必要がある。

どの階層のチームメンバーも、常にチャレンジし続ける必要があるとの認識を持った社風・風土をつくりあげるためには、時間と手間がかかる。

続けることの大変さ

一時のブームのようにチャレンジする雰囲気をつくることは、簡単である。いわゆる○○○キャンペーンのように社内の盛り上がりを醸成する形である。

しかし、それを持続させ社風・風土とするには、前述のとおり年単位で時間がかかることを、筆者は身をもって感じている。

では、どのように持続させていくのか。

簡単なようで難しいのがマネジメント、特にミドルマネジメント層が手本となり、理想の姿を行動で示し続けていくことである。

部下は上司をよく見ている。少しでも手を抜いたり、気持ちが伴っていなければ、「この施策はいずれなくなる」と察知し、表面的にしか動かなくなる。実際にそれを体験した読者の皆さんも少なくないのではないだろうか？

チームメンバーを信じ、愚直に続けていく。そして背中を見せるだけではなく、積極的に声をかけフォローアップしていく。

こうすることで、本気度が伝わり、それが全員に伝染し、いつの間にか社風・風土となって定着する。キーマンは、マネージメント層であることを肝に命じておきたい。

言うだけ、伝えるだけではなく、自ら行動し続ける姿勢を忘れないようにしたい。

6 ワクワクとドキドキ

2つセット

テーマパーク・アミューズメント施設の魅力を伝えるワードとして「ワクワク」や「ドキドキ」を思い出す方も多いのではないだろうか。

実はこの2つ、2つセットだから意味がある。

テーマパークやアミューズメント施設を体験し、印象や思い出に残る場所はどんなところか考えてみていただきたい。

大切な家族や友人と過ごした場所やアトラクションを思い出す方も多いと思うが、どんな印象があるだろうか？

興奮する「ワクワク」と、驚きの「ドキドキ」。この2つがセットになって思い出に強く残っている読者の皆さんは少なくないはずである。

強く印象に残すために

さっと流れていくようなアトラクションやショーではなく、次はどんなことがあるのだろうかとワクワクさせ、そして「え？」と思わせ、ドキドキするような展開や仕掛けがあるアトラクションやショー、施設のほうが印象に残る。

アトラクションや施設の構成を考える場合には、ストーリーももちろんだが、こうした仕掛けがとても大切である。印象に残る施設はうまく設計されている。

届け方が大切

アトラクションや施設のストーリーをお客様の心に届け、印象に残すには届け方が重要である。どんなにいいものであっても、印象に残らなければリピートには繋がらない。１回の「よかったね」で終わってしまう。

よいものをつくり安全に提供するだけではなく、印象に残るように心に届けることが大切である。そのための仕掛けとして、ワクワクとドキドキの２つを使っている。

１つのアトラクションでこの２つが組み込まれているものもあれば、施設全体でこの２つを提供しているケースもある。

あるアトラクションではワクワクする体験を。そして、別のものではドキドキする体験を提供し印象に残している場所もある。いずれの場合も、１日の体験の中に両方が組み込まれていることが重要である。
そしてこれを実現するために必要なのが、安全・安心である。

7 当たり前ではない「安全・安心」

当たり前をつくる

テーマパーク・アミューズメント業界に関わらず、安全・安心はビジネスを遂行していく上でも、生活をしていく上でも最も重要である。

特に、特殊装置やアトラクションを使用しているテーマパーク・アミューズメント施設における事故や怪我は、その後のビジネスに与える影響が大きく、安全・安心は常に追求しなければならない。

この安全・安心は、当たり前のことなのでなかなかクローズアップされないが、この安全・安心は、そこで働く人々の努力の積み重ねによってつくり出されていることを認識してもらいたい。

日々の業務の中に組み込む

安全・安心は、一時的に意識すればよいものではなく、常に全員が意識することで守り・創られる。逆の言い方をすれば、誰か1人でも手順を誤ったり、意識が欠けていると守ることができない。

よって、マニュアルや規則によって、日々の業務に組み込まれ、安全・安心が守られるような仕組みをつくっている。

この仕組みがないにもかかわらず、安全・安心が守られているとすれば大変危険なことである。早急に仕組みづくりを進める必要があると言える。

多くの命を預かる

テーマパークは装置産業とも呼ばれている。アトラクションは大型の装置・機械であり、その安全・安心を守るのはその操作をするオペレーター（従業員）である。

同じ観点で考えれば、製造工場も同じで、大型の製造機械を動かし、安全・安心な製品を届けるとともに、安全・安心な職場環境のもとに成り立っているわけである。

ただし、製造工場との違いは、テーマパークは一度に大勢の命を預かっているということである。ボタン1つで出発操作をするオペレーターの動きは見ていてかっこいいが、その一押しで、大型アトラクションでは20〜30人が出発していく。即ち、30人の命を預かってボタンを押すのである。

安全が担保されているからこそ自信を持って押せるのである。その自信はメンテナンスの行き届いた安全な装置とともに、一緒に働くメンバーの安全確認による二重の安全チェックから生まれる。

笑顔の中にも、多くの命を預かって運行するオペレーターの重責と、プロの操作・運営を感じて、ぜひご乗車いただきたい。

8 「安全・安心」を守り続ける仕組み

安全があるから安心

前出のとおり、安全を生み出すには、仕組みと安全をつくり出す人の意識が必要である。安全なアトラクションや場所があるから、お客様は安心して遊ぶことができる。

安全と安心を守り続ける仕組みは、どんなものが必要か考えてみたい。ハード・ソフト両面で仕組みが必要である。

閉園後や休園日の園内で

読者の皆さんは、アトラクションや装置のメンテナンス風景を、ご覧になったことはあるだろうか？　遊園地では開園中でもメンテナンスをしているところもあるので、ご覧になったこともあるかもしれない。

最近では、東京ディズニーリゾートの夜間メンテナンスの様子がテレビ放映されたことで、その内容を知った方もいらっしゃるのではないだろうか？

基本的には、お客様の目に触れないところで、日夜メンテナンスが行われ、アトラクションや装置の安全性が保たれている。

予防保守がメインだが、万が一故障が発生すれば、日中でも作業をすることもある。夜間でも日中でも妥協は許されず、安全が担保できなければ運休もしくは運行台数を少なくして運営を継続することになる。

読者の皆さんが遊びに行ったときに運休もしくは運行台数が少ない場合は、安全性が保たれているものと考えていただきたい。といいつつ、遊びに行く側からすれば、そうならないように日々メンテナンスをお願いしたいところでもある。

日々、見えないところで安全・安心をつくり出している保守点検のメンバーにも、ぜひ思いを馳せていただけると、テーマパーク・アミューズメント業界に携わっている人間としては嬉しい限りである。

ハード・ソフト両面

見えないところで安全・安心を守るために、保守作業が行われているわけだが、装置の安全が保たれていても、それだけで完璧なわけではない、

装置・機械が１００％安全とも言い切れない。そして、人間もまた１００％安全を保てるわけではない。ヒューマンエラーは発生する。お互いにそれをカバーし合う装置の仕組みと、決められた確認手順や動作によって、安全・安心が守られる。

機械と人間がお互いに安全面をカバーしあい、安全性を高めて事故・ケガのない運行を実現し

ているのである。

これくらいは……

安全・安心な運営を行う上で、「これくらいは大丈夫」は許されない。これを見逃すことがないよう、徹底的な安全管理が行われているのがテーマパークである。

マニュアルに整備の方法や基準、運行管理基準などが細かく記載されているわけだが、実はそれだけで安全・安心なテーマパークや施設は生まれない。

全員がお客様の安全・安心を守るべく、各ポジション（持ち場）で果たすべき役割を全うし、安全・安心を守る行動をしているかどうかをお互いに確認している。

各ポジションの具体例を挙げると、次のようなイメージである。

・人数確認しゲートに誘導　乗車定員・身長制限などの制限事項をクリアしているか確認
・安全バーの確認　バーが固定されているか、制限事項をクリアしているか確認
・出発操作　乗車定員・制限事項・安全装置で固定されているか確認

出発操作を行う段階では、右記以外に、システムの不具合がないかどうかや、走行路の安全が確保されているかどうかなども確認している。

なお、遊園地などでは1人の目で確認し安全・安心を確保しているケースも多いが、安全性を高めるためには、複数人での確認が望ましい場合もある。

9　労働力の確保

サービス・安全・安心を支えるのは人

テーマパーク・アミューズメント施設では、安全・安心の確保はもちろん、質の高いサービスを人が提供していることはおわかりいただけただろう。

そのため、多くの労働力が必要であるが、他業界同様に労働力の確保は、近年大きな課題となってきている。

給与だけがポイントではない

競合他社との差別化を図るために、固定給や時給引上げ、また待遇改善がテーマパーク・アミューズメント業界でも進んできている。

この流れがサービス業全体を含め、その他多くの業種で起きていることは、読者の皆さんもおわかりのことだろう。

業界を問わず全体的に固定給・時給の底上げや待遇改善が進めば、それだけで差別化はできなくなってくる。働く人からも「選ばれる場所」になるために必要なキーワードがある。

そのキーワードは「楽しく働ける場所」であるかどうかである。

楽しい職場

遊びに来る場合と同じく、楽しく働けるかどうかも重要なポイントである。常にお客様に気を配り、期待を超える努力をする。裏側では機械の保守・点検、また警備や管理業務など多くの人が業務を行っている。

日々仕事をこなすという意識だけでは仕事は続かない。仕事中、そしてその前後でも、楽しい職場であるかどうかが大切である。

また家族や知人に自慢したくなる、話したくなる魅力ある職場であるかどうかも大切である。働く人のモチベーションアップにもつながるとともに、その話を聞いてそこで働きたいと思う人が増えることにもなる。

魅力ある職場環境の構築

楽しく魅力ある職場を提供するために、様々な工夫が行われている。

- 従業員向けイベント　パークや施設の貸切、スポーツイベント、旅行やパーティーの実施など
- コミュニティーの醸成　イベントを通じた横のつながり、社内ＳＮＳや広報誌など
- 人事制度改定　キャリアアップの仕組みや給与制度改革など
- 福利厚生の充実　寮の整備や地方出身者への赴任手当支給、旅行の際の宿泊補助など
- 表彰制度　よいサービスやアイデア提案に対する表彰制度など

制度面での待遇改善はもちろん、働く人同士がお互いをほめ称え、良好な関係で勤務できる職場であることも重要。

表彰制度などは、互選の形やお客様からのコメントをもって表彰されるものも多く、モチベーションアップにつながっている。

笑顔あふれる職場

私がテーマパーク勤務時代に心がけていたことでもあり、魅力的な職場であるかどうかを見極めるポイントにしていたのが笑顔である。楽しい職場であれば、自然と笑顔があふれるようになる。

お客様に見える部分では笑顔であることは当然だが、それが心の底からの笑顔なのかどうかは、お客様に見えないところでも笑顔でいるかどうかで決まると、私は考えている。

休憩室において笑顔で話ができ、廊下ですれ違ったときにも笑顔で挨拶と会話ができるかどうかが重要である。

お客様から見えないところでも、従業員が笑顔で楽しく話ができる職場環境を提供できるかどうかが、施設のサービスレベルを決めると言っても過言ではない。

働く人の表情にも注目し、笑顔で働ける職場であるかどうか、常に気を配り続けることが必要である。

本当の笑顔

お客様の立場で従業員をみると、本当にその人が笑っているのか、つくり笑いなのかは目や雰囲気でわかってしまうという読者の皆さんも多いのではないだろうか？

同じことは、職場で従業員をみるときにも当てはまる。実際、筆者も19年のテーマパーク勤務の中で、分け隔てなく同じようにチームメンバーを見て感じてきた。

お客様の見えないところで、本当に笑顔であるかどうかが、お客様の前に立ったときのパフォーマンスに大きく影響する。

会えるメンバーには、毎日こちらから声をかけ、たまにしか会わないメンバーであっても表情や雰囲気を見て、様子を伺っていたものである。

「場」の雰囲気を感じる

私の目の前では、笑顔を一生懸命つくるメンバーもいるかもしれないので、私は前後の素の表情や、他のメンバーと話す姿も見るようにしていた。それが、その人本来の姿かもしれないからである。

また、「場」の雰囲気を肌で感じるようにしていた。責任者である私が行けば、「場」の見た目はしっかりとし、楽しく働いているようになる。

実際はどうなのか。そこにいるメンバーの表情や態度、出入りするメンバーのしぐさなどから感じ取るようにしていた。本当の笑顔があふれる職場からしかよいサービスは生まれないからである。

10　体系的で均一化された人材育成

仕組みが重要

テーマパークのトレーニングは、マニュアルがあるからサービスレベルや作業クオリティが高いと思われている読者の皆さんも多いことだろう。

マニュアルがあるだけでは人材は育たない。トレーニングが体系的になっており、さらに均一化されたクオリティでトレーニングが提供されている必要がある。

辞書のような分厚いマニュアルだけがあっても人は育たない。一方でクオリティの高いトレーナーがいたとしても、マニュアルやトレーニングプログラムが整っていなければ、これもまた人は育たない。

体系的なマニュアルとトレーニング

作業手順だけが書かれているものでは、トレーニー（トレーニングを受ける人）はその手順の本当の意味が理解できない。

わかりやすいマニュアルは、手順の他にそれを行う理由や、それをした結果どのようなことになるのかがイメージできるように記載されている。

体系的に書かれていることで、トレーニーはその作業の背景や理由を論理的に理解し行動できるようになる。

仮に手順だけが羅列されるマニュアルだった場合を考えてみよう。その結果は明白である。トレーニーは書かれた手順はしっかりこなすものの、手順を守る意味もわからぬまま時が過ぎるだけでそれ以上の成長は期待できない。

また、レベルを見極めて徐々にトレーニングを行ったり、ステップアップさせることで、本人の成長やキャパシティに沿った成長が実現でき、無理なくサービスレベルの引き上げが可能である。

均一化されたトレーニング内容

トレーニーだけではない。教える立場のトレーナーたちもまた、トレーナーになるための体系的なトレーニングやフォローアップを受けていることが大切である。

教える側のクオリティも均一化され、誰から教わっても同じように理解・成長できるような仕組みを整えている必要がある。

実際に筆者もトレーニングを受ける場面が何度もあったが、どの部署でもマニュアルが整っており、体系的にトレーニングを受けることができた。またトレーナーの質も一定以上であった。安全・安心を守り、目指すサービスレベルをつくり上げるために必要なことである。

第3章

テーマパーク・アミューズメントの近年のトレンドとは

1　混雑解消が鍵

年間4700万人が訪れる

読者の皆さんのテーマパーク・アミューズメント施設のイメージの中に、「混雑」「長時間待つ」をあげる方も少なくないはずである。

第1章でも述べたとおり、日本国内のディズニー、ユニバーサルを合わせた入場者数はおよそ4700万人。年々入場者数は伸び、ここ数年ではほぼ横ばいであったが、2018年は東京ディズニーリゾート35周年イベントの効果もありさらに入場者数は伸びている。

新聞やテレビでも取り上げられているとおり、パーク内が混雑するようになったことは読者の皆さんの実感のとおりである。

繁忙日と閑散日の差

混雑感が増しているのは、繁忙日と言われる誰もが足を運ぶ日が顕著である。春休み・ゴールデンウィーク・夏休みそして、最近ではハロウィーン時期もそうである。

一方で、昔に比べれば混雑してきているものの、閑散日と言われる平日やイベントが行われていない期間については、アトラクションや飲食施設の待ち時間は比較的少ない。

繁忙日と閑散日の差をどのように解消するのかは、テーマパーク・アミューズメント施設の永遠の課題であろう。

閑散日へのシフト

昔に比べ、平日休みが多いサービス業に従事する人や、人とはずらして休暇を取得する人が増えてきたこともあり、平日や閑散日に来場することができる人が増えてきているようである。

一方で、どうしても繁忙日にしか来場できないというお客様がいることもまた事実である。

このどうしても繁忙日にしか来場できない人以外で、繁忙日に来場しているお客様を、いかに閑散日に誘導するか。これが直近の課題となっている。

ダイナミックプライシング

価格の面で繁忙日から閑散日に誘導するのが、ダイナミックプライシングである。飛行機やホテル料金のように、空席や需要予測に基づいて価格を柔軟に変更する手法である。近年テーマパークでも積極的に導入されるようになってきている。

アメリカのディズニーやユニバーサルのパークでは、すでに定着している手法である。通常の入場チケットはもちろん、イベント専用チケットについても、需要予測に基づいて価格が決まっている。

日本でもユニバーサル・スタジオ・ジャパンでは、２０１９年よりダイナミックプライシングを導入している。

東京ディズニーリゾートは、従来どおり年間を通して価格が決まっているが、海外の例やユニバーサル・スタジオ・ジャパンの例を考慮すれば、数年のうちに導入されてもおかしくはない状態である。

価格変動によって、大型投資や施策を実施しなくても、来場が分散され快適な環境を提供できればベストだが、そう簡単には混雑感は緩和されない。ある程度の投資や対策もセットで考えていく必要がある。

施設のリニューアル

混雑感を感じるもののトップは、「待ち時間」ではないだろうか？　いかに待ち時間を短くするかが混雑感緩和の鍵である。

手法の1つとして、新しいアトラクションを導入して人気を分散させることで、既存アトラクションの待ち時間を平均的に下げる手法がある。

これだけだと土地の限界もあることから、近年では既存アトラクションをリニューアルしたり、魅力的な季節限定アトラクションとして運営することで、集客を図りつつ集中を分散させる工夫も行っている。

エリア拡張

待ち時間の減少とともに大切なのは、施設内通路やお店の混雑緩和である。一定の面積しかない中で、入場者数が増えればそれだけ密度が高まり混雑感が創出される。

これを解消するためには、エリアを拡張して有効面積を広げるしかない。近年では東京ディズニーランドやディズニーシーの拡張計画。そしてユニバーサル・スタジオ・ジャパンの新エリア建設計画がそれに当たる。

海外では、アメリカのディズニーランド・リゾート、ウォルト・ディズニー・ワールドでの拡張計画。ユニバーサル・スタジオ・ハリウッドやユニバーサル・スタジオ・オーランドにおける新エリア建設。フランスでは、ディズニーランド・パリの拡張計画も進んでいる。

もちろん混雑感緩和だけを狙っているわけではなく、集客力アップも狙ってのことである。

運営効率化

人件費や少額投資で済む運営効率化も、近年ではキーポイントである。乗り物の空席を減らしたり、１秒でも早く出発させ時間当たりの乗車人数を増やすことで、待ち時間を減らす取り組みである。とても大切であり、大型パークだけではなく、地方の遊園地などでも必要な対策である。

賑わい感を出すために、ある程度の待ち時間は必要だが、あまりに長いと離反を招く。テーマパークに通い続ける筆者の場合、１時間以上は待てない（笑）読者の皆さんはいかがだろうか？

2 「疲れに行く」から「楽しみに行く」へ

ソフト面の工夫

混雑や混雑感の緩和に向けて、各パークが工夫している現状をご紹介したが、他にも楽しみに行く空間として工夫している部分がある。

少し前までは、ハード面の改善がメインだったが、最近ではソフト面での工夫も進んでいる。第2章「サービスとホスピタリティ」でご紹介した、ユニバーサル・スタジオ・ジャパンのポジティブ・インターアクションも、楽しい場所としての印象を持ってもらう工夫の1つである。

基本的なサービスとして、人を通じて楽しさを演出することは、テーマパーク・アミューズメント施設では当たり前のように行われてきた。

一方で、それが浸透した今日では、さらに高いレベルが求められていることも事実である。運営者は、日々サービスレベルの維持・向上に努めなければならない。

気にかけてもらっている感覚

混雑しているパークで、1人ひとりに丁寧に声かけが行われていたり、少しの時間でも話かけられると、気にかけてもらっているとお客様は認識する。

この気にかけてもらっているという感覚はとても重要であり、そこから話が広がり、印象に残ることで、楽しい思い出となる。

疲れただけではなく、こうした印象に残ることがあれば、楽しい思い出となり楽しい場所として認識されることになる。

テーマパーク・アミューズメント施設『なのに』個人に対する話しかけがあったり、その施設『だからこそ』のサービスがあることで、独自性が生まれ差別化にも繋がる。

疲れよりも楽しみが勝つ施設運営ができるかどうかが、重要である。

楽しい待ち時間

テーマパークや遊園地で必ず起こる問題が、待ち時間問題ではないだろうか？　その待ち時間を楽しいものにするために、テーマパークの待ち列は工夫されている。

アトラクション待ち列が、バックグラウンドストーリーや設定に基づいてつくられているものが多いのは、待ち時間を飽きさせず、そして楽しませる仕組みの1つなのである。

特にディズニーの待ち列は、ストーリーや設定がしっかりしているところが比較的多い。

ユニバーサルは、近年登場のアトラクションではつくり込みが凝ってきており、待っている間も飽きさせない仕組みが徐々に取り入れられてきている。

苦痛になる待ち時間を楽しい時間に変えることも、「楽しみに行く場所」という印象を持ってもらうためには重要である。

インタラクティブな待ち列

私がこれまで14回訪れているウォルト・ディズニー・ワールドでは、アトラクションの新設・リニューアルのたびに、待ち列が進化を遂げている。

昔はポスターや展示品が並んでいるだけだった待ち列も、展示物に触ると音が出たり、動いたりする仕掛けがあり、待ち時間が何分あっても遊び足りないくらいのインタラクティブな仕掛けが随所にある。

特に長時間待てない子どもには、プレイグラウンドのようなものがあり、アトラクションの世界観に浸りつつ、楽しく遊んで待つことも可能である。

手のひらの中

待ち列のつくり込みの工夫とは別に、近年では入場者が手のひらの中で、待ち時間を楽しむ方法を持つようになった。

スマートフォンのゲームやSNSの閲覧、動画の視聴などである。並んでいる人を観察していると、スマートフォンを触っている人が多く、個人個人がそれぞれの楽しみ方で待ち時間を過ごしていることがわかる。

アプリケーションの提供

海外のパークでは、待ち時間にスマートフォンで楽しむことを前提に、ゲームのアプリケーションを施設側から提供している例もある。

待ち列のつくり込みがしっかりしていても、スマートフォンで遊べるように選択肢を提供し、楽しさを演出しているのである。

また、専用のアプリケーションを使うとアトラクションの待ち時間情報の閲覧や、レストランの予約などができ、グループ全員で楽しく相談しながら待つことも可能になっている。

通信環境の整備

日本の施設では、Ｗｉ―Ｆｉの整備が十分とは言えず、個人の通信環境に依存している。海外では、パーク内をストレスなく楽しめるように、無料のＷｉ―Ｆｉを提供しているパークが多い。通信会社にスポンサーになってもらい展開しているケースもあり、日本よりも通信環境は良好である。

また、最近ではスマートフォンのバッテリーの連続使用時間が伸びてきているものの、バッテリー切れに対する対策も必要になってきている。各自がモバイルバッテリーを持ち込むケースが多いが、パーク内で充電できる環境を整えたり、購入できる環境の整備も重要である。

今後は、今まで以上に通信環境の整備が鍵となることは間違いない。

3　インバウンド客の増加

訪日外国人の増加

日本政府観光局（ＪＮＴＯ）の発表によると、２０１８年の訪日外国人旅行者数は、３０００万人を超えた。５年前には１０００万人ほどだったことを考えると、５年で3倍の伸びである。テーマパークやアミューズメント施設を訪れる外国人客が増えてきたことは、パークを歩いていても肌で感じることができる。これは、都市部にある施設だけではなく、地方の施設でも実感するところである。

少子高齢化を迎えた日本において、海外から来られる外国人のお客様の存在は、他業種同様にテーマパーク・アミューズメント施設でも重要である。

多言語対応

施設の基本的な情報は、楽しむ上で最低限必要なものである。外国人のお客様が施設の情報を手に入れる方法として、紙媒体の配布物もしくはウェブサイトがある。

最近では、東京ディズニーリゾートやユニバーサル・スタジオ・ジャパンにおいて、入口などで配布しているパークガイド（園内地図やおすすめ情報が載ったもの）や、ショースケジュール（1

日のショーの開始時間などが載っているもの）が、外国語版や外国語併記で配布されるようになった。

数年前までは、パーク内の特定の場所もしくは、キャストやクルー（従業員）に話しかけてもらう形だったが、最近では大型のラックに全言語のパークガイドやショースケジュールを置いて、いつでも誰でも取得できるように工夫され、利便性が大幅に向上した。

実は、アメリカのディズニーやユニバーサルのパークでは当たり前のように行われてきていた。日本もさらに海外のお客様に優しいパークになってきたと言える。

地方のテーマパーク・遊園地、また美術館や博物館でも多言語でガイドが置いてあるところも増えてきている。今は特別なことも、数年のうちに当たり前の光景となるであろう。

ウェブサイトの充実

情報源として重要なものに、ウェブサイトがある。前述のパークガイドは、来場後に情報を入手する手段として有効である。一方で、来場を検討するにあたり必ずと言っていいほど確認するものがウェブサイトである。

読者の皆さんが海外旅行を検討する過程を思い出して欲しい。行きたいと思う施設のウェブサイトをチェックすることをしていると思う。施設のウェブサイトが日本語に対応しておらず、情報を他から探してこなければいけない場合、その時点で来場しようと思う気持ちは少し冷めてしまわないだろうか？

同じことが、日本のテーマパーク・アミューズメント施設を訪れる際に起こっているのである。今はウェブサイトでチケットの手配もできる時代。ウェブサイトが日本語対応しかしておらず、チケットの購入が難しいとなれば、さらに来場する意欲が薄れていくことになる。

私のアメリカ人の知人が、あるテーマパークのチケットを購入しようとしたときの話である。日本語表記しかなく、インターネットの翻訳機能を使って、数十分をかけて内容を理解しようとしたそうだ。相当苦労して購入したが、購入したものが自分の求めていたものかどうかわからないと言っていた。

今では笑い話だが、自分が同じ立場なら、来場当日まで不安で仕方がないはずである。いかに、インバウンド客に優しいウェブサイトの整備が大切か、おわかりいただけただろうか？

日本の常識は常識ではない

情報の伝え方としてもう1つ。最近、トイレの個室内に使用方法が掲出してあるのにお気づきだろうか？　日本と海外でトイレの使い方が異なる場合もあり、お互いに快適に過ごすために必要な情報である。

これは一例だが、日本の常識が万国共通でないことも多いため、積極的にわかりやすく伝えるということも必要である。

４　人それぞれの楽しみ方

過ごし方の変化

読者の皆さんは、テーマパークや遊園地に足を運ぶ場合、どんな過ごし方を好まれるだろうか？若年層であれば、オープンからクローズまでアトラクションをメインにまわり、どれだけ乗れたのかを、その日の評価にする場合が多いのではないだろうか？

一方で、ショーやパレードをメインにまわり、キャラクターやダンサー、ショーの内容を楽しむ人も増えてきている。

また、季節ごとに変わるパーク内の植物を鑑賞したり、カメラでパーク内の風景や建物を撮影して楽しむ人など、過ごし方も最近では変化してきている。

スマートフォン・デジタルカメラの普及

スマートフォンの普及や内蔵カメラの画質向上によって、手軽に写真撮影ができる時代になり、多くの人が簡単に撮影を楽しみ、個人のＳＮＳに掲載する時代になった。

またスマートフォンだけではなく、高品質のデジタルカメラを使って撮影を行うお客様も増えてきている。

このように、テーマパークや遊園地では、アトラクションだけを楽しむだけではなく、撮影を楽しむ若年層を多く見かけるようになった。読者の皆さんもその実感があるのではないだろうか？

アトラクションを利用しない

テーマパークでは、芝生や広場に座ったり、いろいろなポーズをして撮影をしているお客様も多く見かける。筆者はなぜかプライベートでも写真撮影を頼まれることが多く、ある日とあるパークで女子高校生から撮影を頼まれたときに、質問をして驚いたことがある。

色々な服や小道具を持っていたので、そのことについて質問したところ、今日は1日撮影のためにパークに足を運んだという回答だった。スタジオを借りて撮影するよりも、安くそして色々な景色をバックに撮影できるので、テーマパークはとてもいい場所だと回答してくれた。

テーマパーク・遊園地＝アトラクションというイメージではなく、アトラクションを利用しないという楽しみ方もあるのだと実感したのである。

それぞれの楽しみ方で、レジャーの時間を満喫しているのである。アトラクションを長時間待ち、その後アトラクションに乗るという繰り返しで帰るだけではなく、撮影やショー鑑賞など自分の好みに合わせて滞在を楽しむというスタイルが今日では定着しているといってよい。

一方で、やはりアトラクションはテーマパーク・遊園地のメインというのは変わらないのも事実。待ち時間を楽しませる工夫が、今後も増えてくることに期待したいところである。

5　滞在型レジャーの浸透

日帰りから宿泊へ

筆者が大学でレジャー産業を研究していた1990年代後半、テーマパーク・遊園地の近くに住んでいる人は、ほとんどが日帰りで行くような時代であった。

それから20年。最近では近場に住んでいる人でも、宿泊してテーマパークを楽しむようになってきている。筆者の周りの人の行動スタイルを見ても、それを実感する。同時に、遠方からの来場であっても、複数日楽しむという人も増えてきているようである。

東京ディズニーリゾートでは、ディズニーブランドホテルが次々に建ち、リブランドしたものも含めると、今や4ホテルである。提携ホテルの数は2019年上半期の段階で20を超える。

一方のユニバーサル・スタジオ・ジャパンでも、年々ホテルが増えてきおり、周辺の空き地だった部分がホテルとなってきている。2019年秋にはもう1ホテルがパーク至近にオープンする予定である。

インバウンド需要によるものももちろんだが、宿泊して楽しむという日本人のニーズも出てきていると言えるだろう。

今後の更なる宿泊施設の充実に期待したいところである。

滞在スタイルの違い

人それぞれの楽しみ方でテーマパーク・アミューズメント施設を楽しむようになってきた今日。それでも、日本人のまわり方は、朝から晩まで目一杯という人も少なくない。

海外のテーマパークでは、オープンして一目散にアトラクションを目指す、いわゆる「オープンダッシュ」も少なく、パレード前の長時間の場所取りも少ない。ゆったりとテーマパークやアミューズメント施設での滞在を楽しんでいる印象がある。

これは、日帰りメインではなく複数日滞在してゆったりと過ごすというスタイルのため、心理的な面も影響しているのではないかと筆者は考える。

ウォルト・ディズニー・ワールドの例で言えば、私が初めて訪れた1996年から今日まで、この傾向に変化はない。いつ訪れてものんびり回っている人が多いのが印象的である。

滞在型レジャーが確実に浸透してきている日本。今後時間をかけて海外のパークのような滞在スタイルになっていくことを願いたい。

滞在型施設

自分の楽しみを見つけてゆったりと1日を過ごせれば、満足感も高まるとともに、疲労感も少なくなる。そうなれば、また来て楽しみたいと思えることで、リピートにもつながる。

滞在型レジャーが実践できる施設をどう構築するのかも、今後の重要なポイントである。

6 「コト消費」＆「トキ消費」

今その瞬間に

ゆったり、自分だけの楽しみを見つけて過ごせるなら、いつでもよいというのでは、なかなか来場にはつながらない。そのとき、その場所でしか体験・経験できないことがあって、はじめて人はその時その場所に足を運ぼうとする。

ひと昔前は、車や身に着ける洋服やバッグなど、モノの所有に価値が見出され、よいものを手に入れ所有する時代であった。

一方、今はモノを所有する価値から、旅行や体験、よい思い出など形がないものに価値が見いだされる「コト消費」の時代になってきている。

更に、そのとき・瞬間を楽しむことに価値を見いだす「トキ消費」の時代になってきているとも言われている。

「コト消費」と「トキ消費」、さらには「モノ消費」までそろっているテーマパーク・アミューズメント施設であれば、質の高いレジャー時間を過ごすには最適な場所と言える。

その一瞬のために、足を運ぶ魅力のある体験ができる施設を運営できるかが、成功の鍵になっている。

選ばれるために

ＳＮＳによって、その瞬間の体験「コト」が瞬時に、個人から個人へ共有される時代。その場所で、その瞬間にしかできない感動体験を自分なりに楽しめるのかが重要になってきている。

人と同じものを持ち、同じ場所にいたとしても、思わず他の人に話したくなるほどの感動の瞬間をいかに体験できるかが、選ばれる場所になるためには必要である。

レジャーの行先として、失敗しない感動体験ができる場所を、お客様は選択している。となれば、必ず感動できる、思わず他の人に話したくなるような体験ができる施設であれば、自ずと選択してもらえるのである。

トキの大切さ

レジャー時間は無限ではない。忙しい現代、ようやく手にした時間の中で、成功するレジャーを皆が探しており、それは数多くの情報の中から選択される。

訪れた先で自分自身が感動し楽しめ、なおかつそこにいる他のお客様ともその気持ちを共有し、同じ気持ちで過ごす。更には、ＳＮＳを通じて共有した情報で、多くの人が擬似的にその感動を体験できる。

自分だけにしかできない、感動・楽しみの瞬間が必ず訪れるのであれば、人はそこに足を運ぶ。そのとき、その場所でしか体験できないものをどう生み出すのかがポイントである。

その「トキ」しか提供しない

モノ消費の時代であれば、誰もが買いたい・所有したいものをつくりそれを提供すればよい。しかし、これが「コト」や「トキ」となると難しくなる。形に現れないからである。

テーマパークやアミューズメント施設では、そのときに行かなければ体験できないものとして、季節イベントを提供するケースが多い。

イースター（春）、水を使ったイベント（夏）、ハロウィーン（秋）、クリスマス（冬）などである。そのときにしか見られない、体験できないものを提供して、まずはきっかけを提供。

来場した後には、そのときにしか体験できないものを提供する。イベントをやるだけではなく、そこでしか体験できないものをセットで提供することで、行く価値を付加するのである。

よい「トキ」の提供にかかせないもの

季節イベントではそのときにしか見られないショーやアトラクション、おみやげや飲食物を提供することも重要。それ以上に、そこで働く従業員からのアクションも大切である。

人と違う体験をしてもらうために、人の手を介して感動体験を提供するのである。個別の話しかけやシールの提供、ハロウィーン時期のお菓子の配布などである。

クオリティ高いイベントやアトラクション、商品や飲食物であればもちろんよいのだが、逆にそれだけではなかなか思い出に残るような体験は提供できない。

最終的には、人の手を介して「来てよかった」「この体験を誰かに話したい」という、記憶に残るホスピタリティあふれるサービスを提供する必要がある。

思い出の中に残る

テーマパーク勤務時代、筆者は「一緒に写真を撮ってくださいと言われるくらい、ゲスト（お客様）の思い出の中に残るクルー（従業員）になろう」と、チームメンバーに伝えていた。

写真を撮るときに、従業員と一緒に撮りたい。そう思っていただけるくらい、お客様にとってその日の思い出を語る上で欠かせない存在となる。それくらいのホスピタリティあふれる対応が提供できるかが重要である。

そのときにしか体験できない思い出深い体験を、人の手を介してしっかりと提供する必要がある。これはサービスの提供時間に比例しないことも、筆者の勤務経験や客としての体験から申し添えておきたい。提供時間ではなく質が重要である。

筆者は短い時間でも、記憶に残る声掛けを受けたことが何度もある。テーマパークの入場口やレストランでの商品受け渡しの数秒でも、「そのシャツ夏らしくていいですね」や「このケーキ、今だけなんですよ。美味しいのでゆっくり食べていってくださいね」と言われるだけで、今日来てよかったなと思え、人にも共有したくなってしまうものである。

ちょっとした話しかけを多くのお客様にするだけで、結果は大きく変わる。

7　行きたい場所であり続ける工夫

素敵な場所だけでは人は集まらない

建物やアトラクション、おみやげや飲食物のクオリティが高い場所であれば、人が多く集まり問題なく運営が続けられるのかというと、答えはノーである。

もちろん、それに越したことはないが、それだけで人気スポットになるわけではない。前述のように、そこに感動体験や楽しい体験があるから人は足を運びたくなるのである。

ストーリー

感動体験や楽しい体験の他に、予想もしないような出来事が起こる予感も、また足を運びたくなるポイントの１つである。

また、そこにストーリー（物語）があれば、自分もそのストーリーの主人公になりたいと願い、それを体験しに行くのである。

ディズニー映画やユニバーサル映画の主人公と同じ体験が擬似的にできるとなれば、それを体験したいと思う。また人気アニメの限定イベントやアトラクションがあれば、自分もその世界に入り体験したいと思うからこそ、足を運ぶことになる。

美しく素敵なものがあるだけではなく、そこに前述のような要素が加わることで、きっかけをつくっている。これを繰り返すことで行きたい場所であり続けられる。よいものをつくり、そこに置いておくだけではなく、思い出・楽しい体験、ストーリーを付加することで魅力ある施設をつくり上げることがポイントである。

裏側からストーリーをつくり出す

最近では、パークのメンテナンスの様子や建設の様子をメディアを通じて紹介するパークが増えてきている。

裏側を見せることで、一種のストーリーを付加している。自分が利用するアトラクションや施設が、夜のうちに整備され目の前に現れる。そこには、多くの人の努力があることを知る。その努力と苦労を実感しにその場に足を運んでみたいと思う。

「テレビでみたとおり、この乗り物は毎日安全に整備されているんだ」「夜のうちにきれいに掃除してくれているんだ」「きれいに見えるように塗装の手直しをしているんだ」など、裏側のストーリーをテレビや雑誌・ネットニュースなどで知り、それを自分の目で見て体感したいと思い、足を運ぶという人も少なくないはずである。

見える部分だけではなく、普段見えない部分にもスポットライトを当て、あえて見せることでストーリーを付加し、感動体験やちょっと得した体験を提供することもトレンドになってきている。

8　未来像からワクワクを提供

あえて見せる

前のページで裏側からストーリーをつくり出すことをお話したが、最近では将来の施設完成イメージだけではなく、検討過程や建設の様子をあえて見せることで、ワクワク感を醸成している例が増えている。

完成まで見せないことでワクワク感を醸成するのが昔の手法。今ではＳＮＳなどを通じて、その過程をあえて公開。「早くできないかな」「早く行きたいな」という気持ちを醸成している。また、写真や文字だけではなく、設計者や演出を手掛けるメンバー、働く人のインタビューも交えた動画を公開し、建設秘話や検討の苦労なども共有するようになってきている。特にアメリカのパークでは最近、積極的に行われるようになっている。

これには、メディアやファンなどの予測で誤った情報が流れないように、正確な情報を流すという役割もあるだろう。

それよりも期待感を持ってもらい、未来を想像することで、将来に対するワクワクを提供し、来場を促しているように思える。

今後、日本のパークでも多くのワクワクする情報が出てくることを期待したいところである。

秘密を秘密ではなくす

日本のパークでは、従来は高い壁を築き、建設現場を完成まで完全に見せないようにしてきた。しかしながら、最近ではある程度完成してくると壁を低くしたり、早めに壁を撤去して外観を見せるようにするなど、昔なら直前まで秘密だった部分を公開しているケースもある。

多くの人が、個人のSNSで自由に情報を発信する現代。情報を隠すよりも、より多くの人に将来計画や建設途中の風景に触れてもらい、それを共有してもらうことで、感動体験・楽しい体験ができる可能性があると知ってもらうことは重要なことである。

それは、いずれ将来の来場につながり、やがては実体験した後にそれを共有し、また新たなお客様を呼んでくれることになる。

知らない情報をなくす

完成後に知らされ、自分だけが知らなかったのでは、残念な気持ちが強くなる。それが、事前情報に触れられ、誰よりも早くそれを知ることができれば、人は他の人に紹介したくなるものである。

今現在の情報だけではなく、未来像についても広く共有することで、知らない情報をなくし、より多くの人に、未来像に対するワクワク感を持ってもらうことが大切である。

出せる情報を効果的に出し、今だけではなく、これから先も感動体験や楽しい体験ができる場所なのだと認知してもらう努力を、続けていかなければならないのである。

9　情報発信力の勝負

特別な体験をしたい

毎回違う体験をお客様自らつくり出すことができるテーマパークやアミューズメント施設が、近年では入場者数を伸ばしている。自分流の楽しみ方や体験をアレンジメントすることができる場所が求められているのである。

お客様は「人とは違った特別な体験」をしてみたいと願い、それをＳＮＳで発信したいと思う人が多いことも事実である。

毎回違う体験

特別な体験をしたいと願うお客様にリピートしてもらうために、アトラクションや施設の入れ替え、シーズンごとに違うイベントやおみやげ、レストランメニューなどを考え提供している。

大型テーマパークはもちろんのこと、地方の遊園地でも外部キャラクターやアニメとの連動イベントを行い、特別感や限定感を演出している。

何度足を運んでも違う体験ができ、その体験を来場している他のお客様と共有することはもちろん、ＳＮＳで発信することで新たな楽しみ方を提供。そのお客様がそれを実践し、また発信するという連鎖が生まれ、魅力がさらに高まっていくのである。

従来はＴＶコマーシャルやウェブ広告などで魅力を発信してきたテーマパークやアミューズメント施設だが、これにお客様の発信力が加わることで、より一層その魅力が伝わっていると言える。

クオリティの重要性

同じ体験を同じクオリティでお客様に提供し続けているテーマパーク。サービスや施設のクオリティにばらつきがあれば、その時点でお客様によって体験が異なってしまう。

基本的なクオリティがしっかりしているからこそ、満足度の高い体験が安定的に提供でき成功に繋がっている。

満足度の高い同じ体験を全員に提供するという視点で、クオリティはとても重要である。１つでもクオリティが低ければ、すべての体験がよいものとならず、楽しい体験は提供できない。

街中のお店を上回る

ひと昔前は、テーマパークでなければ体験できなかった高度なサービスやホスピタリティが、街中のコーヒーショップや小売店、飲食施設で受けられる現代。さらなる高度なサービスが求められるようになり、常にテーマパークのサービスに注目が集まるようになっている。

高水準のサービスを誰でもが受けられ、楽しめる空間として今後もテーマパークは存在し、時代から求められるサービスやアトラクション、ショーなどを提供し続けていく必要がある。

別の言い方をすれば、それができないテーマパークは、衰退していくことになる。

知らないもの同士が体験を共有する

日常では味わえない満足感や楽しみが得られることで、ファンはもちろん、それを楽しむファンを見て一緒に来た友人や家族までもが世界観に入り込み、パークでの滞在を楽しんでいる。

周りのお客様も刺激を受け、グッズを身につけたり、一緒にショーを楽しんだりすることで、時間だけではなく、楽しい体験を皆で共有しているのである。これこそテーマパークの醍醐味。知らないもの同士が「楽しい」空間・時間を知らず知らずのうちに共有し、楽しみ・感動をも共有しているのである。

日常を上回る感動体験

感動体験がＳＮＳを通じて瞬時に共有される時代。今までの成功体験や他テーマパークの前例だけを信じて従来の手法を続けていくだけでは、テーマパーク・アミューズメント施設は生き残れない時代となってきている。

ＳＮＳや口コミで伝えたくなるような、日常受けるサービス以上の質の高いサービスの提供ができる場所だけが、今後生き残っていけるのである。

10　働く人を大切にする

灯台下暗し

感動体験、楽しい体験を提供することでお客様に喜んでいただき、リピートしてもらいたいと願うのは、どの施設も同じだろう。

常に、お客様のために何ができるのか。お客様にどのように接するべきで、何を提供しなければならないのかを考えているはずである。

では、そのサービスやホスピタリティを提供する従業員に対して、どれだけ目を向けられているだろうか。

第2章「労働力の確保」にも書いたとおり、笑顔あふれる職場とするために、従業員をどれだけ大切にしているかがとても重要である。

ホスピタリティ

ホスピタリティはお客様に対して必要だというのは、皆の一致した意見でしょう。では、従業員に対してはどうだろうか？

第2章「サービスとホスピタリティ」で書いたとおり、ホスピタリティとは、1人ひとり目の前のお客様に合わせて行うものである。これを実践しようとする場合、何が大切か。それは、目の前のお客様に興味・関心を持つことである。では、それは一瞬にしてできることなのだろうか？

日々努力

ホスピタリティを提供するには、日頃から相手に対して興味・関心を持ち接する必要がある。日頃会うメンバーに対して興味・関心を持てない人が、ある日突然、お客様に対して興味・関心をもって接することは難しい。

筆者も、講演や授業では、ホスピタリティを提供するためには、仕事以外のプライベートでもホスピタリティが必要だと伝えている。家族や仲間に対しても興味・関心を持って接することが大切である。

日頃一緒に仕事する仲間に対して、上司部下関係なくお互いに興味・関心をもって接することができているか。ぜひご自身の日頃の行動にも注目していただきたい。

大切に思う気持ち

施設・給与・制度がよく、会社の規模が大きいからといって必ずしも採用に苦労せず、従業員が定着するとは限らない。

やはり、上司や働く仲間から自分が大切にされていると実感できる瞬間が多いのかどうかも重要である。仲間を大切に思う気持ちが、よい施設をつくり上げていくのである。

これは、トップマネジメントだけが実践すればよいというものではなく、上司部下や部署の分け隔てなく、全員がお互いを尊重しあえるかどうかにかかっている。

働く人同士でも積極的に声をかけ、ホスピタリティあふれた職場となるよう努力したい。

大切にすることが安全・安心に

安全はテーマパーク運営には欠かせない。これを実現するのは人である。大切にされていると思える職場であれば、必然的に心身ともに安定した状態で勤務でき、余裕を持って安全・安心を提供することにつながる。

パークで安全・安心を提供するだけではなく、従業員に対しても安全・安心が提供できる職場であること。そのために必要なのは、ちょっとした興味・関心、そして笑顔で接すること。お客様に見える部分だけが、ホスピタリティあふれる場所であるだけではダメである。自分だけが快適に仕事できる職場環境では、決してよいチームワークは生まれないし、よいパフォーマンスは発揮されない。

大切にされていることを実感できる職場をいかにつくり上げるのか。テーマパーク・アミューズメント施設で働く全員に課せられた、大きな使命であるかもしれない。

第4章　テーマパーク事業成功の秘訣とは

1　安全について理解しておくべきこと

安全についての判断は永遠の課題

安全はテーマパーク経営において不可欠のものであるが、何が安全で何が危険か判断することは、業界にとって永遠の課題である。もちろん法律を含めた様々なルールや指針はあるが、設備の多様化によって、現場で安全性の判断を迫られるときがある。

アトラクションを運休させることによる影響

大型テーマパークであれば1つくらいアトラクションが運休したとしても、集客や満足度にそこまで大きな影響はないだろう。

しかし、ジェットコースターが1つしかない施設であればどうだろうか。運休はたちまち集客減、客単価減、満足度減に直結する。それが土日や祝日などの繁忙期であればあるほど影響は大きい。安全が絶対とはいえ、運休の影響を考えると少し迷ったことのある責任者はいるはずである。

様々なテーマパークの財務状況を見てきた筆者は、売上が下がる運休を判断する責任者の気持ちもわかるが、事故はテーマパークの存続を左右しかねないことだということは常に理解しておいていただきたい。

緊急停止ボタンを押すことは勇気がいること

もう1つ、安全について理解しておいていただきたいことがある。緊急停止ボタンを押すことは勇気がいることということである。緊急停止ボタンを押すことは怖いという表現でもある。

安全を守るためであれば、何かあれば緊急停止ボタンを押して、アトラクションを止めることは当たり前と思われるかもしれない。たしかに当たり前なのである。ただし、緊急停止ボタンを押すことについて当たり前という表現だけでは片づけられないほど、ストレスのかかる作業なのである。

緊急停止ボタンを押せばアトラクションは止まる。その結果として途中でお客様を降ろすことになる、待ち時間はさらに長くなる、場合によっては長時間運休となる、それによってクレームが発生する、場合によっては全国ニュースにもなる。

安全上必要だから緊急停止ボタンを押したにもかかわらず、悪者扱いのようにされる場合もあるのである。現場のスタッフからすればどこで緊急停止ボタンを押せば、長時間の運休になるかわかっている。その場合の影響も想像できる。実際に押してみるとタイミングによっては機械が止まる大きな音が鳴るので、より躊躇してしまう。でも危ないから押すのである。トレーニングされていても勇気のいることであることをぜひ理解していただきたい。そして、緊急停止ボタンを押すべきときに押せたスタッフはぜひほめてあげていただきたい。

2　飲食こそ満足度を高めるカギ

根強く残るテーマパークの飲食に対するネガティブイメージ

読者の皆さんはテーマパークや遊園地の飲食物について、どのようなイメージをお持ちだろうか？

高い・おいしくない・混んでいるなどネガティブなイメージが多いのではないだろうか。味は一昔前のそれと比べると改善されてきたように感じるが、テーマパークの外で同じものを注文するよりも高いことがほとんどである。お客様にとっては、それが当たり前となっているため、あまり問題になることはないが、それではお客様の期待を上回ることにはならない。

お客様が期待しているのは

さて、突然だがお客様は何を期待してテーマパークに遊びに行くだろうか。

筆者が講演やセミナーで聞いたり、顧問先のテーマパークでお客様の声をヒアリングしてみると、アトラクションに乗る、パレードを見る、好きなキャラクターの写真を撮るなどが多かった。では、アトラクションに乗ることを楽しみに来たお客様が、１日遊んだときに期待を上回る体験ができるであろうか？

ジェットコースターに観覧車、メリーゴーラウンドなど今や子どもの頃に体験したことがあるというお客様が多い中で、同じようなアトラクションに乗ったとしても期待どおり止まりであることが多い。すでに体験したことがあるので、どのような楽しさか想像できてしまうのである。

最近は技術の発展によってあまり見られないが、以前はＣＭのＣＧで表現される世界が現実離れしていたため、期待を下回ったということもあったくらいである。

テーマパークにおいて、期待どおり、期待を下回るということは経営にとって非常にダメージが大きい。テーマパークは高いリピート率に支えられて集客が成り立つため、期待を上回って、また来たい、今日は帰りたくないくらいにお客様から思ってもらえないとなかなかリピートしてくれないのである。

主力以外で期待を上回る

ではどうすればお客様の期待を上回ることができるかというと、そのカギを握っているものの１つが、食事である。

前ページのヒアリングにおいても確認されたが、おそらく少数派として存在するのだろうと思われるが、テーマパークに食事を一番の楽しみにするお客様はほとんどいない。ということは、食事に対する期待値は低いということである。

アトラクションについては期待値が高いため、期待を上回るのは難しい。ただし期待値が低い食事であれば、もともと低いのだから簡単に上回れるのではないだろうかということである。

これはどのビジネスにも通ずることであるが、主力商品・サービスで期待を上回るのは難しい。一方で主力商品・サービス以外の部分で期待を上回るのは意外と簡単なのである。

テーマパークの食事に必要なのは特別感

どうすれば食事で期待を上回れるかであるが、もちろん味や価格について追及していくことは必要であろう。ただし、それが簡単にできるのであれば、すでに実践しているはずである。

味や価格はお客様が求めるものを追求し続けるとして、まず取り組みたいのは盛り付けなどの見た目である。例えば、パスタを油で揚げたものの上にゆで卵を乗せるだけでも、恐竜や鳥の巣のようなイメージを表現できる。

テーマパークの食事に必要なのは、特別感である。

これならテーマパークじゃなくても食べられるとお客様に思われたら、価格に見合う価値はまったく見いだせていないことになる。ここじゃないと食べられないと思ってもらうためにも盛り付けにはひと手間加えたい。もちろん飲食店のファサードであったり、内装から雰囲気を醸成することも必要である。

テーマパークにおける食事は、エンターテインメント性など味以外の体験価値も価格に含まれるということを忘れてはならない。

3　単価向上だけではない物販の貢献度

食事と同じようにテーマパークに欠かせないものがもう1つ。それがおみやげ物などを販売する物販である。特に遠方のテーマパークに行く場合は、必ずと言ってもいいほど会社の同僚や友人、家族、そして自分用におみやげを買うだろう。

物販はテーマパーク運営において単価向上以外に貢献度の高いものである。どのように貢献できるかについて、2点ご紹介したい。

形に残るものでリピート率向上

どちらも東京ディズニーリゾートにおいて２０１９年5月時点で販売されているものであるが、1つ目はミッキーシェイプの泡がでるハンドソープである。これはパーク内でも体験することができるが、ハンドソープを押すと、ミッキー・マウスの顔の形になった泡が手のひらに出てくるのである。もちろんミッキー・マウス型の泡という楽しい要素もあるが、それ以上に奥深い商品である。

どういうことかというと、手を洗うという子どもからすれば面倒な習慣が、手を洗うたびにミッキー・マウスを目にするということで、楽しい習慣になるということである。これは子どもの衛生面でも価値があるとともに、親としても子どもの手洗いという習慣が商品1つで解決するので、非常にありがたいものである。

なおかつ、毎日のように東京ディズニーリゾートの商品を目にすることになるので、お客様の記憶から東京ディズニーリゾートが忘れられるということもなく、さらなるリピートのきっかけにもなるであろう。

おみやげ物と言えばお菓子が多いが、お菓子は食べればなくなってしまう。入れ物を缶にして残してもらうということも1つの手であるが、形が残って日常生活で何度もそのテーマパークの商品を目にするということもリピート率を高めるうえで注目したいポイントである。

定番商品とのコラボレーション

2つ目は東京ばな奈「キャラメルバナナ味」である。東京ディズニーリゾートで販売されているこちらは、ミッキー・マウスの顔の形がプリントされている。

東京ばな奈と言えば、東京みやげの定番の1つであるが、定番であるがゆえに、期待を上回るかというと少し疑問が残る。テーマパークにおいてこういった定番商品は修学旅行の児童・学生に人気であるが、ほかの施設でも販売されているものが多い。この定番商品にそのパークのブランドを掛け合わせることで、価値の高い定番商品が生まれるため、期待を上回る商品となりやすい。

地方のテーマパークの場合は、入場者数が少ないため、仕入のロット数などの関係で生産自体が困難なケースもあるが、地域の製造業者と協力して、ぜひチャレンジしていただきたい。

4　短期間でもジョブローテーションは必須

業務の種類が多いのがテーマパーク

テーマパークにもよるが、とにかくテーマパークは業務の種類が多い。

出入口ゲートの管理、チケット販売、アトラクションの運営管理、メンテナンス、飲食、物販、植栽など、企業によっては一部をアウトソースもしているが様々な部門がある。

その各部門を特に新卒、中途、アルバイトなど関係なく、そして期間も短期間で構わないので一度ずつは経験してほしい。それが多くのテーマパークに根づいている問題の解決の糸口になりうるからである。

テーマパークによくある問題　セクショナリズム

テーマパーク内の各部門は飲食や物販をはじめとして、それだけで1つのビジネスが成立する部門が多い。それぞれに仕事のやり方も業界によって異なり、それらが1つの企業として活動するため、足並みをそろえることが非常に難しいのである。

お互いの部門の専門性が高いが故に、言いたいことが伝わらなかったり、それぞれの部門の苦労がわかりあえなかったり、ひどい場合は各部門のプライドの高さが悪い方向に働き、セクショナリズムが強くなることで、非協力的な関係となってしまう。

ジョブローテーションで少しでもお互いをわかりあう

ジョブローテーションを行い、お互いの仕事の内容、業務遂行上の大変なことを経験すると、お互いにお客様のための改善提案をしたときに、意見に耳を傾けやすい。経験していないと「こっちの仕事を何も知らないくせに」と耳を傾けにくい。

お客様のために何ができるのか、パークの各部門が一枚岩となって考えたり、行動したりするためにお互いの理解は不可欠なのである。

また、飲食を経験すれば、レストランや飲食物をオススメするときに気持ちがこもり、お客様の行動喚起にもなる。物販も含め、客単価を向上させることにも貢献できたり、パーク内の問い合わせ時も迷うことが少なくなるという効果もある。

ただし、1つ注意いただきたいのだが、ジョブローテーションをして各部門の業務経験があるからといって、従業員を何でも屋として扱うことはやめていただきたい。飲食の衛生面、アトラクション運営の安全面などミスをしてはならない業務について、少しでも業務から離れると細かいルールを忘れがちである。定期的に業務に就いているのであれば問題ないが、期間が空くようであれば、事前にルール確認などを必須化してほしい。

あくまでもジョブローテーションの目的はお互いの理解である。

5　巡回は園長・支配人の仕事の1つ

最低でも1日1周

テーマパークの園長、支配人といったトップのポジションに就く従業員は、企業の経営者に似たポジションであるため、日々の意思決定や予算組みなど業務は多岐にわたる。

その中でも一番大切であり、出勤時に欠かさず実施していただきたいのが、パークを最低でも1周するということである。お客様がどんな笑顔で楽しんでいるのか、すれ違う1人ひとりに声をかけるのはもちろんのこと、清掃状態や危険な場所がないか、現場を見ていただきたい。そして一番心がけていただきたいのが、現場のスタッフに声をかけたり、見守ったり、関心を示すということである。

現場は孤独である

テーマパークという職場は華やかというイメージを持たれるかもしれない。それは確かにそうであるが、閑散期の平日となれば、接客対応をしていない時間が長くなることもある。

そういったときは現場のスタッフ数も少なく、スタッフ同士の交流も少ない。そこで上長である園長・支配人が巡回しているだけで、緊張感をもって業務に臨めるだけではなく、見てもらえているという安心感も持てるのである。

事務所と現場の溝を埋める

業績が芳しくないテーマパークにおいて原因の1つとして多く見られるのが、事務所と現場の溝である。ジョブローテーションにて述べた問題とも共通する部分はあるが、事務所側の従業員が現場に出ないため、現場の把握・理解が乏しい。そのうえで予算を決められたり、自分の人事評価をされたりということが理不尽に感じるのである。

実際に理不尽である。

また、現場側からすれば、お客様の対応をしていること、クレームを最初に受けること、夏の暑さや冬の寒さなど過酷な環境下で仕事をしていることなど、そういったことを少しでもわかってほしいという気持ちもある。

これはテーマパークの現場を体験したものでなければわからないことである。

巡回して現場のことを、働いているスタッフのことを見たり知るだけでも、スタッフと面談したときの共感力が大きく変わる。

テーマパークを真に支えているのは現場のスタッフである。サポートする事務所側との溝は利益を生み出さない。すぐにできる行動として巡回からという一歩を踏み出してほしい。現場から報告に来てほしいと思うかもしれないが、まずは自分からである。

6　大型投資からコンパクトな投資へ

アトラクション建設には金がかかる

テーマパークと言えば、アトラクションを想像する方は多いのではないだろうか？　フードテーマパークなどは別として、確かにテーマパークにはアトラクションが多い。

では、アトラクション1施設あたり、どれくらいの投資額になるかご存知だろうか？

例えば、小型のメリーゴーラウンドやコーヒーカップといったアトラクションで5000万円から1億円くらいである。メリーゴーラウンドでも大型になれば1億円は軽く超える。ジェットコースターも億単位、数十億円するものもある。車両が1台で1億円強といったところである。

ではこれくらいの額の投資を毎年できるかというと、どうだろうか。大型のテーマパークであれば、数億円の投資はそれほど大きな投資ではないが、規模の小さなテーマパークであれば年間の売上が数億円、十数億円というところもある。年間の売上の半分以上を投資にはさすがにあてられないだろう。

新しいアトラクションの導入は継続的な集客にも影響するため、導入したいが売上規模と比較すると難しい。さらに設備の老朽化によってアトラクション自体を修繕しないといけないという状況に直面している施設も多いが、同じ理由で大型の投資が難しい。

コンパクトな投資を数多く

新しいアトラクションに投資することは難しい。しかし新しい目玉がないと集客しづらいのがテーマパークである。そこでトレンドになっているのが、コンパクトな投資を年間で何度か行うというものである。

その中でも成功していると思われるのは、アイデアが秀逸なケースである。例えば、大阪府にあるひらかたパークの「おまライド」。アトラクションに乗りながら、「おまーっ」っと叫ぶのである。叫ぶので喉のケアということで「おま。飴」がもらえるのであるが、プロモーション費用を除けば飴の原価代くらいの投資である。

福岡県のかしいかえんシルバニアガーデンでも「おかしいかえん」というイベントでインスタ映えではなくインスタ萎えスポット、顔はめができない顔はめパネルなどちょっとおかしなコンテンツを展開している。こちらもアイデア重視だ。

コンパクトな投資にはアイデアが必要だが、それと同じくらい現場のスタッフがそれを盛り上げようと雰囲気づくりをすることも大切である。そうすれば設備に頼らなくてもお客様は楽しんでいただける。これを繰り返すことでキャッシュを蓄積し、新しいアトラクションへの投資の原資とする戦略も1つである。現場のスタッフの立場としては、通常業務で忙しい中、新しいイベントに対応することは難しいと思うかもしれない。そこで管理側にはシフト調整、ヘルプとして現場に入るなど、気持ちよくイベント実施できるための行動もお願いしたい。

7　ただ楽しいのではなく、体験・学びが不可欠

アトラクションは成長を感じられる施設でもある

テーマパークとは元来、楽しいだけではなく、成長も感じることができる施設でもある。どういうことかというと、ジェットコースターには身長に関する制限がよく設定されている。ある身長まで達しないと乗れないというものである。安全上、必要なものだが、それによって乗れずに残念な思いをした読者の方もいらっしゃるのではないだろうか。

乗れなかったそのときは残念だが、次の来園時に乗れるような身長になっていると、親としては子どもの成長を感じずにはいられない。

求められている体験や学びとは

身長制限のような成長を感じる場面もあるが、最近求められるものはもう少しわかりやすいというか、直接的なものである。

自然を感じながら遊べる、花を扱うテーマパークであれば花や植物のことが学べる、夏休みであれば学んだことが自由研究として宿題を片づけることにもなるというものである。

愛知県のレゴランド・ジャパン・リゾートではレゴブロックを用いてつくったロボットにプログ

ラミングをして操作ができたり、車をつくって走らせたりもできる。どのようにプログラミングをすればうまく動くのか、どのように組み立てれば安定して速く走るのか、試行錯誤しながら学ぶことができるのである。

また、動物とのふれあいという体験も従前からよく見られるが、人と人とのコミュニケーションが希薄になってきた現代では、スタッフとお客様という関係におけるコミュニケーションも1つの体験かもしれない。

子どもを取り巻く遊びの環境変化

一昔前と比較しても、子どもの遊びは多様化している。おもちゃには様々な種類があり、テレビ以外にもＹｏｕＴｕｂｅがあったり、テレビゲームだけでなくスマートフォンも遊びの一部であろう。その中でテーマパークに求められる役割も根本的には不変かもしれないが、ニーズの多様化という意味では変わってきているのだと筆者は感じている。

ただ楽しいのであれば、テーマパークではなくてもいいのだ。そのテーマパークにお金を払って遊びに来ているのだから、少しでも多くの付加価値を求めるのは自然なことだろう。

どういった学びや体験を求められているのか、アンケートなどで調査する必要があり、そういったコンテンツには人件費が追加で必要になるものではあるが、外部環境の変化への対応ということで、期間限定イベントという形でも一度はチャレンジしていただきたい。

8　一発屋で終わらないために

無策の投資は一発屋となる

コンパクトな投資であったり、イベントのことを述べてきたが、継続的な集客に必要である一方で、イベントが終了すれば一過性の効果だけだったということは少なくない。少額の投資であれば問題ないが、数百万円、数千万円の投資に対して一過性は問題であろう。

いわゆる一発屋である。

せっかくの投資が一発屋で終わらないように投資の前から戦略を立てておく必要がある。

一発屋を防ぐためにできる３つの対策

テーマパークの規模によっては数千万円の投資は何かしら設備が後に残るような投資だろう。そういった投資が継続的に集客に貢献するための３つの対策を紹介する。

①徐々にオープンする

仮に工事対象がすべて竣工していたとしても一部分しかオープンせずに段階的に提供していくという手法である。特に屋内型の設備であれば実施しやすいが、最初にオープンする一部分の満足度が高ければ第二弾としてオープンした部分についても来場のきっかけに十分なる。来場回数を増やすという意味でも有効である。

もちろん最初からすべてオープンさせた後でも継続的に新規イベントを設備内で実施することで、投資した設備の登場回数が増え、見込み客に情報が届きやすくもなる。

②イベントに関連させる

季節ごとのイベントに関連させる。同じ設備でもハロウィーンやクリスマスなど季節に合った装飾をすると見た目の印象が一気に変わるものである。それをSNSにアップするという目的での来場も考えられる。

③継続的にプロモーションする

一般的なプロモーションであれば、投資してから長期間にわたってプロモーションするということはないだろう。そのため、投資した設備の露出は徐々に減少するものである。そうすると見込み客の頭の中では当該設備のことを忘れていくのは当然である。

一方で、季節ごとにCMなどプロモーションは当然のように行われる。そのプロモーションにおいて当該設備が見切れるようにするのである。そうすると当該設備へのプロモーション費用ではないが、見込み客の頭の中に印象を残すことができ、忘れられない設備となる。どの事業もお客様から忘れられると売上が上がらなくなる。忘れられないようにすることは非常に重要である。

ただし、ここまで述べた策が効果を出すのは、投資したコンテンツの満足度がそもそも高いことが前提であることを忘れてはならない。

9　イベント企画は1年前から

季節性のイベントは欠かせない

テーマパークには遊びに行くというきっかけが不可欠である。その中でも春夏秋冬に合わせたイベントは、世の中全体がイベントモードということもあり、実施しやすい。春のイースター、夏のプールや水かけ、秋のハロウィーン、冬のクリスマスは外せないだろう。

そしてそのイベント内容を考える時期であるが、基本的には1年前から考えることが必要である。厳密にいえば、例えば夏のイベントであれば8月末の時点で、来年の7月から実施するイベントを検討するということである。

付け焼刃のイベントは成功しない

ひとえにイベントと言っても、テーマパークのイベントは実施すべき項目がたくさんある。

ＣＭやポスター制作などプロモーション活動、制作物、イベントに連動した飲食・物販の開発など項目を挙げるだけでも数ページを占めるくらいである。

それぞれが短期間でできるわけではない。例えばイベントの規模にもよるが、冬のイルミネーションであればＬＥＤの仕入や設置、現場での検証など準備に半年以上要することもある。思いつきでできるわけではないため、十分な期間が必要なのである。急ごしらえのイベントは、実施意義もスタッフに浸透しない。スタッフのテンションを上げるためにも時間は必要である。

鉄は熱いうちに打て

準備に時間を要する以外に1年前から企画を推奨する理由がある。それは今回の反省を次回に活用するという観点である。

多くの来場が見込めるイベントには、やってみなければわからないという側面ももちろんある。そのためクレームも大なり小なり発生するものである。そしてそれはイベント実施期間であれば意識しながらオペレーション可能であるが、1年もすればまた忘れるものである。1年後にそういえば昨年も同じようなことがあったなということは往々にしてある。イベントの終了と同時に次回への改善点をまとめると非常にスムーズなオペレーションが実現できる。

流行は1年前にはわからない

1年前に企画する段階では当たり前ではあるが、1年後の流行はわからない。したがって、流行を含めた細かいことは直前の導入でも構わない。1年前からスタートすることはあくまで企画であり、方向性を決めておくということを留意していただきたい。方向性が決まって、頭の中でイメージできているだけでも流行を取り入れやすくなる。

10　コンテンツはボトムアップで

提供するのは誰か

前項でイベント企画について述べたが、ハロウィーンでお菓子をどのように配布するのか、配布するときにどのような声掛けをするのかなど、細かいコンテンツ内容、手法については現場のスタッフからのボトムアップ型で提案してもらい、事務所側も一緒になって検証・決定をしてほしい。なぜならば、イベントを提供するのは現場最前線のスタッフだからである。

前述のハロウィーンは日本においてはパーティーのように盛り上がるイベントとなっている。テーマパークにおいても然りである。

そういった盛り上がるイベントにおいてスタッフのテンションが低かったらどうだろうか？楽しいＢＧＭを流して、カラフルな色を使った制作物を配置しても、応対しているスタッフのテンションが低かったら、しらけてしまう。

トップダウンとボトムアップの使い分け

筆者の顧問先でもこういったことはよくある。どういう場合にスタッフがしらけてしまうかであるが、事務所側でイベントについてすべて決めてしまった場合である。

もちろん事務所側で決めなければならないことはたくさんある。イベントの方向性についても綿密なマーケティングを実施したうえで決められるべきものであるため、現場側からのボトムアップでは困難であろう。

一方でお客様と毎日接しているのはスタッフである。どのようなお客様が多いのか、ハロウィーンイベントで盛り上げたとして、ノリのいいお客様が多いのか、そういったお客様が少ないのであれば過度にテンションを上げるのは逆効果ではないかなど考えられるのは現場ならではである。

これは実際にオペレーションを実施しなければ、巡回するだけではわからない。お客様が求めていることは、本当に現場にしかわからないのである。

その中で事務所側からイベントの細かいことをトップダウン的に指示されたとしても、現場側としては違和感が残るのである。それに自分たちで考えたことと、指示されたことではモチベーションがまったく異なる。

方向性を事務所側で決めたうえで、それ以降は現場も加えてアイデアを出してほしい。もちろん現場としてもスタッフ数が足りないというテーマパークも多いため、会議に参加が難しければ、アイデアを紙に書いてもいいし、メールやその他の媒体で伝えてもいい。誰が提案したのか、採用されたときに称賛できるような仕組みであれば方法は問わない。

第5章　アミューズメント事業成功の秘訣とは

1　そもそもお客様は何を楽しみに遊びに来るのか

目的が全く同じであるということはない

お客様は何を楽しみにアミューズメント施設に来るのだろうか？

人それぞれ異なるというのが答えである。

例えば、ボウリング場やカラオケボックスはどうだろう。家族や友人で訪れて、みんなでワイワイと楽しみ、親睦を深めることが目的の場合もあるだろう。1人で訪れてボウリングや歌の練習をすることが目的の場合もあるだろう。練習だとしても、お客様のスキルの高さによって求めるものが当然異なる。

お客様を観察する

人それぞれで遊びに来る目的が異なることが大前提だとすると、どのように対応すればいいのだろうか？

まず大切なことは、目の前のお客様を観察することである。観察することでどのような目的で遊びに来たのかをある程度は考えることができる。

何人で来ているのか？

性別、年齢などの構成は？

時間は何時か？

こういったことを観察するだけでも、事業者側から提案できるものは異なってくる。

もしカラオケボックスに来たお客様でお昼の時間帯にママ友らしき女性数名とそのお子様が一緒であれば、歌うことよりもランチ目的かもしれない。それだけで受付時にランチメニューや限定メニューなど提案することができる。こんなことは当たり前と思われるかもしれないが、受付業務を機械的に行い、どのお客様にも同じような提案をしている光景はよく見られる。

外れるかもしれない。でも始めなければ当たらない

先ほど、ランチ目的「かもしれない」と述べたが、あくまで推測なのである。推測の域を出ないが、提案する。

提案が外れるかもしれない。しかしそれを始めなければお客様との関係性は深まらないのである。観察した上での推測は、適当に提案するよりも何倍も当たる確率は高い。それが当たって関係性が深まり、お店やスタッフのファンになってもらえたら、また遊びに来てもらえる。

その効果を考えれば、外れるリスクはもちろんあるが、実施する価値はあるだろう。宝くじは買わないと当たらないということと同じである。どの事業も同じであるが、行動しなければいつまでたっても目の前の結果は変わらないのである。

2　お客様が期待していることをレベル分けする

マズローの欲求5段階説

前項において、お客様が何を楽しみに遊びに来るのかということを述べたが、もちろんそれを考えるためのフレームワークも存在する。人それぞれ目的が異なるとは言ってもある程度のグループに分けることもでき、それによって提案の方向性も統一できるのである。

アメリカ合衆国の心理学者アブラハム・マズローが提唱した「欲求5段階説」を用いる。これは、人間は自己実現に向かって成長するという仮説に基づいた理論である。人間が持っている次の5つの階層化された欲求がある。

①生存欲求
②安全欲求
③帰属欲求
④承認欲求
⑤自己実現欲求

①から⑤の順番で低いものから現れ、欲求が満たされると次の段階の欲求が現れるというものである。①から⑤をもう少し筆者なりの解釈でかみ砕いて表現すると、次のようなイメージである。

【図表3　マズローの欲求5段階説】

①空腹時に食べたい、のどが乾いたら飲みたいなど生きるために最低限必要な欲求。
②空腹時に食べられるようになったら、どうせ食べるなら安全・安心なものを食べたい。寝るときだって雨風しのげるような場所で寝たい。
③安全な生活ができるようになったら、1人は寂しい。仲間がほしい。
④仲間ができたら、仲間から認められたい。
⑤認められたら自分のやりたいようにやりたい。才能を開花させて、より自分らしくありたい。

せっかくこういった心理学者が提唱した理論があるならば、それを活用しようということが趣旨である。こういったフレームワークは一見、自社には関係なく見えても、使ってみれば気づきのある場合が多い。

お客様の期待を上回る

前項のカラオケボックスでお客様が期待していることをマズローの欲求5段階説に当てはめてみよう。

まずランチ目的であれば①の生存欲求として食べられればそれでいいというお客様もいるかもしれない。しかし、子連れであれば食品の安全性は自分たちのこと以上に気にするだろう。②の安全欲求もありそうである。全員でシェアしながら食べられるものであれば、③の帰属欲求まで満たすことができるかもしれない。

友人同士での来店であれば③はもちろんのこと、歌唱力で周囲から認められたいという④の承認欲求ということもありうる。歌の練習であれば④を将来的に満たすための練習であったり、歌いたいように歌うという⑤の可能性もある。

このようにお客様が期待していること、何を目的に遊びに来たのかレベル分けすることができる。そしてレベル分けができれば、その期待を上回る欲求を満たすようなサービスを展開できれば、期待を上回るということになる。

みんなで楽しく歌うという③の帰属欲求目的のグループであれば、もちろん1人ずつ歌うこともあるだろうから、採点機能によって歌のうまさが定量化され、歌唱力をさらに周囲に認めてもらうこともあるだろう。それによって期待していたことを上回り、期待以上だったというお店の評価から、また同じお店が選ばれやすくなるのである。

3　アミューズメント事業に必要な接客とは

簡単に期待は上回れない

前項では期待していることをレベル分けし、マズローの欲求5段階説においてより上位の欲求を満たせるようなサービスを展開できれば、期待を上回れるという話をした。

しかし、第4章でも触れたが、主力商品・サービスで期待を上回るのは無理なことではないが、難しい。コストが必要な場合もあれば、新しいアイデアが必要な場合もあるだろう。

そこでお客様の期待を上回るために即効性があるのが、マズローの欲求5段階説を応用した接客の改善である。

マズローの欲求5段階説を接客に適用する

読者の皆さんはこんな経験がないだろうか？　役所に書類申請などで訪問した際に、窓口の対応が礼儀正しくかつにこやかで、少しいい気分になったり、ここの役所は頑張っているなと思ったりという経験である。

一方で高級ホテルに泊まるときに、ホテルマンが礼儀正しくかつにこやかに対応してくれたらどうだろう。役所ほどその対応について好意的に見るだろうか？　どちらかというと当たり前の対応と感じてしまうのではないだろうか。

役所と高級ホテル、それぞれに接客対応レベルを事前にイメージできているということもあるが、そもそもそれぞれの場所に何を期待しているかが大きく作用していると考えている。

マズローの欲求5段階説で例えると役所は①に近く、高級ホテルは⑤に近いだろう。それに対してそれを上回る対応をしたかどうかが先述のとおりの受け取り方の差になったということである。

こちらも筆者なりの解釈であるが、マズローの欲求5段階説を接客に当てはめると、

①生存欲求：とりあえず対応してくれればいい。機械でもいい
②安全欲求：近寄りがたいオーラはなく、最低限の受け答えをしてくれればいい
③帰属欲求：笑顔で対応してくれる
④承認欲求：再訪時に前回のことを覚えてくれている。こちらのことを本音でほめてくれる
⑤自己実現欲求：この人、楽しそうに働いている

③の笑顔で対応してくれるということが、欲求レベルの低い①では期待を上回る対応となり、④や⑤を期待していると当たり前の対応となるのである。同じ対応であるのに、お客様の期待によって受け取られ方が変わるというのは非常に重要なポイントだ。

そのため、前項のようにお客様が期待していることをレベル分けしておけば、どの程度の接客レベルが期待を上回るために求められるのかも自然とわかる。即効性は高いため、ぜひレベルごとに言語化して、実践していただきたい。

4　メインターゲットが来ない時間帯の有効活用

売上を生み出さない時間をなくす

コンビニエンスストアに代表されるような24時間営業の店舗がなぜ24時間営業するのかというと、もちろん深夜の時間帯でも需要が見込めるということもあるが、店舗を閉めている時間は売上を生み出さないからである。店舗の地代家賃は営業時間に関係なく同じである。それならば24時間営業して、少しでも家賃分の元を取ろうという考えでもある。

ではアミューズメント業界もすべて24時間営業すればいいという話ではない。もちろんカラオケボックスのような例もあるが、営業時間内でもお客様の来店が少ない時間帯はないだろうか？先ほどの家賃に加えて人件費や光熱費などがかかっている状態で、売上を生み出さない時間帯があるのは非常にもったいない。経営を圧迫することにもなる。

メインターゲット以外を狙う

なぜ来店が少ない時間帯があるのだろうか。

その原因の1つはメインターゲットが来店しない、できないような時間帯だからである。

例えばゲームセンター1つをとっても、設置されている機器によって対象年齢は異なるだろう。

いずれにしても10代がメインターゲットとなるゲームセンターにおいて、平日の学校がある昼の時間帯に集客が厳しくなるのは必然である。

そこで、最近は昼間にシニア世代をゲームセンターのターゲットとしている場所もある。シニア世代とゲームはイメージで結び付きにくいかもしれないが、認知症予防に役立ったり、同じ年代の人同士のコミュニケーションの場としても活用されている。

競馬場でもイルミネーションに力を入れているところが増えている。これまで男性がメインだった場所に女性も集まるようになっている。

新たなターゲットが過ごしやすい環境を整備しておく

一方で、メインターゲット以外を集客したからといって、そのターゲットが継続的に来店してくれるというわけではない。

ゲームセンターであれば、治安という側面を気にするお客様もいるだろう。照明も明るくしたり、拡大鏡などがあればいいかもしれない。最近はかなり改善されてきたが、昔の競馬場のように男性が多い場所はトイレの清掃であったり、設備そのものに目が行き届いていないことが多かった。

こういったことを事前に改善しておくことで、既存のお客様の満足度が向上することはもちろん、新しいターゲットも安心して来店、継続利用が期待できるため、新たなターゲットが何を求めているのか把握しておきたい。

5　ワンストップ型で滞在時間を長く

売上を生み出さない時間をなくす

アミューズメント事業成功の秘訣として、滞在時間は把握しておきたい。そして少しでもその滞在時間を長く延ばしたい。それが客単価の向上につながるからである。

ドリンクバーが利用できるであったり、施設はすべて追加料金なしで利用できる場合は除くが、滞在時間が長くなれば喉は乾くし、空腹にもなる。時間の使い方がマンネリ化し、別のコンテンツも試してみたくなる。そうなれば追加注文が発生するわけである。

先ほどのドリンクバーにしても食べ物は別料金であったり、施設利用の追加料金がなくても飲食は別料金など、すべてにおいて追加料金が発生しないという施設はほとんどないだろう。

他業種との複合化

滞在時間を長くするためによく用いられる手段が他業種との複合化である。

カラオケとボウリング、ゲームセンターに飲食が組み合わさるケースは読者の皆さんもよく見るのではないだろうか。こういった他業種との複合化は滞在時間を長くするだけではなく、集客においてもフックを増やすことになり、来店頻度の増加、ターゲットのすそ野を広げることにもなり、売上への貢献度は大きい。

他にもスーパー銭湯も同じようなことが言える。銭湯と言えば風呂に入るという手段が目的である。それに対してマッサージを受けることができたり、飲食はもちろんのこと、エンターテインメント的なショーも開催されている。特にショーは役者、歌手に固定のファンがつくこともあり、お客様の囲い込みにもなる。

テスト的に複合化する

とはいっても、事業者とすれば複合化をそんなに簡単には進めないだろう。間違いなくイニシャルもランニングもコストが大きくなり、思った効果が得られなければ本業の売上を食いつぶしてしまうからである。

そこで考えたいのはアウトソースやイニシャルコストを抑えることである。

飲食であれば自社で実施しようとすると、飲食に関するノウハウを保有しておかねばならない。なおかつ設備への投資も大きくなるため、テナント形式で他業種と協業するということを選択肢に入れたい。

また、スーパー銭湯でマッサージを例に出したが、簡単なマッサージであればイニシャルコストを抑えられる。そういったものがないかアイデアを募り、まずはテスト的に実施したい。簡単に始めたことは簡単に撤退もしやすいため、気軽にトライしてほしい。

6　業界以外のアイデアは業界初となる

アイデアはそう簡単に生まれない

前項の最後にアイデアを募りと述べたが、そう簡単に素晴らしいアイデアは生まれないものである。もちろん筆者のクライアントにはアイデア発想のためのフレームワークを使った研修をしたり、一緒に考えたりするが、いいアイデアかどうかやってみないとわからない。ここで、いいアイデアとは課題に対して成果の出るアイデアである。

まさにやってみないと成果が出るかわからない。

そこで成果が予測できて、すぐに使うことのできるアイデア発想法がある。

一番早くて成果の出るアイデア

ほかの施設や業界で実施されていることを取り入れるのだ。それであれば全く新しいことを考えなくても、視察や日常生活から誰でもアイデアを発想することができる。もちろん系列店であれば他店で実施して成功していることを水平展開すればいい。

特許や商標など権利を侵さないようにすることは要注意であるが、成果も見えて何より一番手っ取り早い。

トヨタ自動車株式会社の生産システムにジャストインタイムというものがある。これは「必要なものを、必要なときに、必要なだけ」供給するというものであるが、無駄をなくして効率をアップさせる効果がある。

トヨタ自動車はもちろん自動車業界であるが、同じようなものづくりの業界は鉄道、造船、航空機などの乗り物以外にも多く存在する。そういった自動車業界以外がジャストインタイムの考え方を導入したらどうだろうか。その業界内に存在しないものでかつ成果の出るものであれば、画期的アイデアとなるのである。

そもそもアイデアとは

読者の皆さんの中には他業界のアイデアを取り入れることに抵抗を示す人もいるだろう。それは当然の感情だと思うが、アミューズメント業界でも今や当たり前にあるセルフ方式のドリンクバーはファミリーレストランのガストが最初らしい。

ジェームス・W・ヤングの著書である「アイデアのつくり方」にはこう記されている。

「アイデアとは既存の要素の新しい組み合わせ以外の何物でもない」

パンとカレーが組み合わさってカレーパンとなるように、いろいろ組み合わせてみればいい。そうすることで新しい価値が生まれ、その新しい価値はオリジナルとなるのだから。0から1を生みだすのは難しいが1と1を足し合わせることは意外に簡単である。

7　フックをできる限り多く出してリピーターを確保

遊びに来るきっかけづくり

第4章のイベントの部分でも述べたことだが、いくらリピーターを確保するといっても、遊びに来るきっかけがなければリピート頻度は落ちてしまう。遊びに行こうかなと思うようなフックをできる限り多く出しておくことは非常に重要である。

ここで、できる限り多く出すということがポイントとなる。

なぜかというと人によって価値観や遊びに来る目的が異なるからである。限定された種類のフックであれば、それに行動を喚起される人しかリピートしないため、様々な種類が必要となる。

フックは難しく考えない

ユニバーサル・スタジオ・ジャパンだと数多くの有名なコンテンツとのコラボレーションでフックが多いが、さすがにあの規模をマネできる企業は極めて少ないだろう。できるに越したことはないが、もっと気軽に考えてほしい。例えば

・雨が降っているから雨の日割引

・新しい飲食メニュー追加・リニューアル

・ジャンケンをして勝ったら次回使える割引券がもらえる
・ポイントカードのポイントが二倍
・UFOキャッチャーで新しい景品が入荷

金銭的な価値があるものもあれば、提供価値が増えるものなど多面的であればなおいい。もちろんこれらは一例ではあるが、中にはUFOキャッチャーで新しい景品が入荷とか、事業者側からすれば通常業務の中で当たり前のものもあるだろう。しかし事業者の当たり前はお客様の当たり前ではない。情報を提供してみたらお客様にとっては非常に有益だったということはよくある。

そしてこれらのフックは一気に仕掛けなくてもいい。前項でアイデアについて触れたが、一気に仕掛けてはさすがにアイデアも枯渇する。時期をずらしながらでまったく問題はない。

フックを出すことの本当の目的

フックを出して集客することは、フックだけで終わりにすることではない。フックがきっかけで遊びに来たけど、フック以外のこともよかったからまた来ようと思ってもらえるかどうかが勝負である。カラオケで歌うことが目的だったが、飲食も満足したので今度はランチの時間帯に来てみようかと思ってもらうことが目的である。

そのためにはフック以外の部分のクオリティが高いということも重要だと覚えておいてほしい。そうでなければそもそもリピートしていただけなくなる。

8　地域ナンバーワン主義を貫く

なぜ選ばれるのか？

読者の皆さんがアミューズメント業界でお仕事をされている方だったら、もちろん他業界でもお仕事をされている方だったら考えていただきたいことがある。

あなたのお店はなぜお客様から選ばれているのだろうか？

アミューズメント業界のように娯楽を提供するサービスは、非常に多様化している現代である。家でゲームをすることは平成よりも前の昭和の時代から可能であったし、移動中もスマートフォンでゲームに夢中になる人も多いだろう。

そのような環境下で、あなたのお店はなぜお客様から選ばれているのだろうか？

これを考えることは自社のサービスクオリティ向上にもつながるのでぜひ実践していただきたいが、選ばれる理由として一番わかりやすいものがある。

一番というのはわかりやすい

こういったキャッチコピーが使われる映画をご覧になったことはないだろうか？

全米ナンバーワン

ＣＭなどで一度は聞いたことのあるフレーズだろう。むしろ何回も聞き過ぎて、何をもって全米ナンバーワンなのかわからなくなっている。ただ、ＣＭで使用する以上は正しい情報である。全米というエリアであっても、この1年間でナンバーワンなのか、この1か月でナンバーワンなのか、この1週間でナンバーワンなのか厳密には異なる。しかし期間が異なってもナンバーワンには変わらないのである。

なぜナンバーワンが使われるのか。

単純に一番というのはわかりやすいからである。二番より一番のほうが好印象であることはもちろん、二番はそもそも印象に残らない。日本の一番高い山が富士山であることに対して、二番目に高い山の認知度が一気に下がるのと同じである。

何でもいいので一番を

ナンバーワンであることは選ばれる理由の1つとして考えておきたい。

では、どうやってナンバーワンになればいいのだろうか。

これは先ほどの全米ナンバーワンが参考になる。メニュー数、提供時間、受付時間、ゲーム機器の台数など何でもいい。しかも地域を限定すればナンバーワンになるコンテンツは必ずある。地域の人に遊びに来てもらう施設であれば、世界で一番ではなくても、日本で一番ではなくても、地域ナンバーワンであればいいのである。

9　プレミアムサービスで客単価を上げる

低客単価からの脱却

アミューズメント業界はすべてというわけではないが、客単価は低いビジネスである。その分、集客に力を入れる必要があるのだが、客単価向上に注力している施設も増えてきた。プレミアムの名がつくサービスが増えてきたのだ。

カラオケでも本格的な料理やワインが味わえたり、機材・コスチュームなど無料貸し出しがあったりと特別感のある空間で歌える。こういったこともフックの１つである。特に通常オペレーションの中でできるものであれば、コストが大きく増加せずに客単価を上げることができるため、その利益を還元もできる。

新しい設備・施設導入だけがプレミアムではない

新しい設備や施設を導入しなくても、貸し切りにするということもプレミアムサービスの１つである。自分たちだけ、非日常感、普段使えないものや見られないものが体験できるなど、提供できる経営資産は十分に保有していると思われるため、従業員同士でアイデアを出し合ったり、他店のサービスを体験するなどして、ぜひ探してほしい。

10　競争性、偶然性、模倣性を取り入れる

ロジェ・カイヨワの遊びの4分類

フランスのロジェ・カイヨワという社会学者が「遊びと人間」という著書の中で、遊びについて4種類に分類している。

①競争性
②偶然性
③模倣性
④めまい

競争性は遊びの参加者が意志を持って参加し、ルールがあるようなものである。スポーツなどはこの競争性に分類される。ゲームセンターの対戦型ゲームも該当するだろう。

偶然性は参加者の意志だけではコントロールできないものでかつルールがあるもの。宝くじのような、当たるか当たらないかわからないものである。競馬などのギャンブルも該当する。

模倣性は参加者の意志はあるが、明確なルールがないもの。わかりやすいのはおままごとのようなごっこ遊びである。テーマパークのように、ある世界観が設定されている空間で、その世界観に浸ったり、なりきることも模倣性だろう。

めまいは意志もルールもないもので、よくジェットコースターが例えで使われる。

これらの要素を自社コンテンツに落とし込んでみると、足りない要素はないだろうか？　もし足りない要素があったり、極端に1つの要素に偏っている場合は、足りていない要素を補うことでターゲットのすそ野を広げたり、満足度向上につながる可能性がある。

なお、めまいについては定義が広いため、競争性、偶然性、模倣性について考察してみる。

自社コンテンツの強み、弱みを見つけ対策する

前述したがゲームセンターであれば競争性の要素は強いだろう。ＵＦＯキャッチャーはクレーンを自分で操作するが、景品の置き方などで自分ではコントロールしがたい部分もあるため、偶然性もある。模倣性は少し弱点かもしれないが、ＶＲなどの技術進歩で補いつつある。

カラオケであれば採点結果を全国のユーザーと競う競争性もある。模倣性もゲームやアニメの世界を再現したコンセプトルームもあり、登場人物になりきったり、バンドのボーカルになりきることもできるだろう。偶然性も補おうとくじ引きのようなミニイベントもよく見られる。

このように自社コンテンツをたった3種類の要素でも分類してみると、何が自社の強みなのか、弱みなのかもわかってくる。それがわかれば強みを伸ばしたり、弱みを補強したり、今後の方向性も決まるのである。

今までと同じというコンテンツはいずれお客様から飽きられる、忘れられる。カラオケの採点

機能やミニイベントのように、どうやって遊びの要素を伸ばしていくか、考えて実行していくことが求められている。

遊びの要素をスタッフにも活用する

遊びの要素を紹介したが、これはお客様だけではなく、もちろんスタッフにも活用できるものである。アミューズメント業界だけでなく、サービス業全体で人材不足や採用難は非常に問題となっている。少しでもスタッフに仕事が楽しいと感じてもらえるように、仕事に遊びの要素を入れていきたい。

競争性であれば、スタッフ同士で何か競えるような数字を設定するといい。お客様からありがとうと言われた回数、ミーティングで発言した回数、ゴミを拾った回数など仕事に直結しながらも、時給等の給与に直接影響しないものがオススメである。給与に直接影響するとスタッフ同士の関係性が悪化する場合がある。

偶然性は、シフトで誰とペアになるかなど仕事の中で当たり前に存在するものもあるだろう。まかない飯がある場合も日によって変われば、それは偶然性である。

模倣性はスタッフ同士で話し合い、接客のテーマを決めたり、他施設で参考になる接客があれば取り入れることもいいだろう。

第6章　もしも思い通りの成果が得られなかった際のリスクを最小限に抑える秘訣とは

1　そのリスクは集客面か安全面か

アミューズメント事業のリスクは多岐にわたる

まず、リスクは何に対するものなのかということをはっきりさせておきたい。本章ではイベントなど集客や満足度向上を目的とした投資に対するリスクを主に述べていくが、テーマパークやアミューズメント事業のリスクは多くの種類がある。

飲食を取り扱う施設だと食中毒などの衛生に関するリスク、不審者など防犯に関するリスク、まだまだあるが、本項では安全に関するリスクについて触れておく。特に死亡事故のような重大事故が発生した場合、事業の継続はかなり困難になるからである。

アミューズメント事業は生活必需品ではない

安全のリスクを完全になくせるかというと、絶対に事故が起きないとはコンサルテーションにおいても言えない。人はミスをするし、機械も１００％正常に動作するとは限らないからだ。それがきっかけで、自動車、鉄道、飛行機などの事故も報道でよく見かけるが、そういった交通機関の事故とアミューズメント事業の事故は大きく異なる。

アミューズメント事業は交通機関と異なり、生活必需品ではない。

よって事故が一度でも起これば、まったく利用されなくなる。事故が起こるようなところに遊びに行きたくはないし、行かなくても生活上で困ることがないからだ。

安全面のリスクを最小限に抑えるには

安全面のリスクを最小限に抑えるには次の３つのことを心がけていただきたい。

①起こさせない
②拡大させない
③広げない

１つずつどういうことか説明していく。

①起こさせない

これはそもそも事故を発生させないということである。事故はゼロにならないが、対策を実施することで発生確率を０％に近づけることは可能である。

例えば、部品の定期的な交換も事故の発生を防ぐために有効である。コストとのバランスにもよるが、新しい部品に交換することで安全性は間違いなく向上する。ジェットコースターの車輪周辺部品は実際に定期的な交換を行っていたり、交換基準を設定して1年に1回の検査をして壊れる前に交換している。

②拡大させない

①の起こさせないで定期的に部品を交換しても、事故は発生する。なぜかというと、交換した部品が不良品だった場合である。もちろん交換前に正常かどうか検査することも重要であるが、検査ですべてがわかるわけではない。

そこで事故が起きても被害を最小限にして、拡大させないということが必要である。

例えば、どのようなアミューズメント施設においても屋内であれば、天井や壁から吊るされているものがあるだろう。照明器具はもちろんのこと、ＢＧＭを流すようなスピーカーもそうである。その固定器具が破損して、落下する場合がある。

そういったときに落下しても下まで落ちないようにセカンダリーワイヤーといって、落下防止ワイヤーをつけておくと、大惨事にはならない。

③広げない

これはよく火事で延焼を防ぐということと同じである。防火扉の設置であったり、建物を密接して建てないなど事前の設計も必要である。昨今は大雨など天災の影響も大きい。発生がコントロールできないものでも広げないことは事前にできるということを今一度考えていただきたい。特に台風など、事前にいつ頃直撃するか予想のたてられる災害については、被害を最小に抑えるための対策実施は必須である。

2　究極の安全リスク回避は運行を止めること

アミューズメント事業のリスクは多岐にわたる

安全面のリスク回避について、もう1点加えておきたい。

究極の安全リスク回避はテーマパークや遊園地であれば遊具の運行を止めることである。

これはもちろん、ほかのアミューズメント施設においても同じであり、事故の可能性がある危険な状態であれば運行を止めれば事故は起きない。

非常に当たり前なことではあるが、現場としては止めることに抵抗がある。それによってお客様が楽しめなくなったり、売上が下がったり、そしてクレームを直接言われるのは自分たちであるからである。上司が止めることをよしとしないケースもある。会社の中も部門同士の利害関係もあれば、様々なお客様がいることでどうしても悩んでしまいがちになる。

ただし、点検の段階や実際の運行の段階で少しでも異常を感じたのならば、それはすでに安全面のリスクを抱えていることになる。その状態で運行を継続することでリスクが顕在化し、お客様が楽しめるかどうか以前に、ケガをしてしまうなど、残念な思いをさせることになりかねない。継続して運行を止めるかどうかは責任者の判断となることも多いが、現場の感情も理解したうえでリスク回避の判断をしていただきたい。

3　市場調査は大前提

そもそも成果が得られる算段だったのか

「もしも思い通りの成果が得られなかった際のリスクを最小限に抑える秘訣」というのが本章のテーマであるが、そもそも思い通りの成果というのが確率高く得られそうだったのかを吟味する必要がある。

本業界ではまだまだデータに基づいたマーケティングが不十分であり、経営者の思いつきでイベントを実施してしまうような企業は多い。もちろん思いつきでも当たればいいが、明確な根拠がないため、ギャンブルと同じである。企業として実施したいイベントの実施は大前提ではあるが、企業として生存するためには勝てる勝負をしなければならない。

イベントでも複数のプランに対して市場調査に基づいてどれくらい集客できそうかの試算をして、その結果によって実施イベントを決める必要がある。

他の施設に聞いてみる

ではどのような調査をすればいいかであるが、一番簡単なものは類似のイベント、類似の施設や機器を導入した企業に結果を聞けばいいのである。

テーマパークやアミューズメント業界は、業界内で協会を設立し、そこに加盟している企業が多い。協会内でなおかつ商圏が離れている企業同士であれば情報交換は活発に行われている。

もちろん情報を得るにはこちらからも情報を提示する必要があるが、集客数やどのような属性の層が集客できたのかなど詳しい情報も知ることができる。

あとは自分たちの施設近隣と情報仕入先で全人口や世代別の人口にどれくらいの差があるのかなど外部環境を比較すれば、どれくらいの集客数になるのか推測することができる。もちろんプロモーションによっても結果は当然異なってくるため、そういった情報も聞くことができれば聞いておきたい。

お客様に直接聞いてみる

では、ほかの施設が全く実施していないものを導入するときはどうすればいいのであろうか？

これはお客様に直接聞くしかない。新しいことの導入によって遊びに行きたいと思うかどうかである。

いわゆるアンケートやヒアリングであるが、専門業者に依頼してもいいが、できることなら自社で実施したい。特にヒアリングの場合、流動的に質問項目を追加することもでき、それは導入側の意思がなければできないことだからである。

このアンケートやヒアリングを面倒に感じたり、ときには時間の無駄という企業が非常に多いが、自分たちが集客できると思って導入することが必ずしもお客様の求めているものとは限らない。もし違った場合、投資は回収できないということになる。そのほうが無駄がはるかに多いのではないだろうか。

アンケートは集めて終わりではない

市場調査結果からある程度確率高い数字で集客が予想できるのであれば、そこから10％低かったとき、20％低かったときなど数字のシミュレーションができ、それでも収支が成り立つのか、何年で投資が回収できるのか比較することができる。それに結果が悪かったときの考察も行いやすく、対策を立てやすい。

筆者がコンサルテーションを行うとき、既に企業側でアンケートを実施していることはよくある。ただし、それを分析したり、今後のシミュレーションに活用されていないケースが多い。アンケートやヒアリングと言うのは簡単だが、項目を考えたり、実際に採取する作業ボリュームが多く、採取して満足してしまうからだ。調査とは情報を採取して分析して初めて活用できる形となる。分析も専門スキルが必要となるが、これからの時代に必須のものであろう。調査なしに実施した場合は思い通りの成果が得られなかった原因がわからないため、何もできない。

そういったことからも市場調査は大前提であることを肝に銘じていただきたい。

4　大型投資の前にテストから

アミューズメント業界の投資額は大きい

テーマパーク・アミューズメント事業は1回の投資額が非常に大きい。先述のとおり、メリーゴーラウンドでも1億円を超えることもある。

そういった大きな額の場合、一度投資してしまうと効果が出ないからといって、なかなか撤退できるわけではない。大型の施設であれば撤去費用も非常に大きなものとなる。投資するからには失敗はできないのである。

大型投資にはテストが鉄則

そのため、大型投資を決断する前に実施したいのが、お客様の反応を試すための導入テストである。

まずはリースで試してみるということもその1つだ。先述のメリーゴーラウンドであれば、移動遊園地のように常設タイプではないメリーゴーラウンドも多数存在する。

そういった施設をまずは導入してみて、お客様の反応であったり、来場者数が増えるのかどうかをテストするのである。その結果として来場者数増加によって売上が増えるのであれば、投資の回収年数などを計算し、低リスクで投資ができるということになる。もしテストが芳しい結果でなければ、投資せずに別の案件についてテストすればいいのである。

大切なことは仮説の検証

テストは何でもかんでも実施すればいいわけではない。テストの実施もコストがかかるからである。大切なことはある仮説に基づいてテストをすることだ。

メリーゴーラウンドであれば、ターゲットとなるのはファミリー層であろう。ファミリー層の集客において、子どもが乗れるようなアトラクションであればファミリーの来場が増えるだろうと仮説を立ててテストをする。

そしてテスト結果について検証をする。仮説が正しかったのかの検証だ。このときに間違えてはならないのが、仮説の正当性である。テストの結果として来場者が増えても、ファミリー以外の来場が増えたのであれば仮説が正しいとは言い切れない。その状態で投資をしても、テストのときに偶然ファミリー以外の来場者が多く、投資後に来場者が増えなかったというケースもあるからだ。偶然の結果は継続しないことが多い。テストは検証までしっかり行っていただきたい。

数字が増えたかどうかは誰でも見ればわかる。その表面的な数字だけを見て一喜一憂するのではなく、大切なのはどのような数字が増えたのか、それは求めていたものだったのか吟味することである。大型投資の場合はそれが特に要求される。

5　段階的な投資を行う

現代は流行の移り変わりが早い

考え方は前項のテストと同じであるが、こちらは投資の手順である。テストを行って投資を行ったとしても、流行の移り変わりの激しい現代である。せっかくの投資でも建設から年数が経てば飽きられることもある。

メリーゴーラウンドなどはよくある普遍的なものであるため、時代の流れにあまり関係ないが、アスレチックでさえ流行りのコンテンツが存在する。厳密にはアスレチックというわけではないが、最近ではフォレストアドベンチャーに代表される自然共生型アウトドアパークが人気である。

森林の中に足場などを設置して、森林を冒険していくが、森を森のまま活用できるのが特徴である。自然を壊さずに、自然を体験しながら遊べる施設として人気があるが、初期の導入においてはここまで事業を拡大できるかどうかは、不確定要素も大きかったのではないかと推測する。

段階的投資の利点

フォレストアドベンチャーも十分な市場調査を行ったうえで日本に導入されたと考えているが、段階的な投資を行いやすいコンテンツである。

木の太さなどの条件はあるが、森林の広さによって設備を拡大できる。逆に言えば最小限の施設でも始められる。そして好評であれば、第二弾、第三弾として設備を拡大していけば集客の目玉にもなったり、値上げのきっかけにもなる。

段階的な投資であれば、最初の投資における反省点を次の投資に活用することもできる。お客様の視点で改善された拡張となるため、より満足度を向上させることにもなる。

段階的投資の注意点

段階的な投資を行う上での注意点としては、初期投資が小さくなり過ぎないことである。市場調査やテスト実施により、ある程度の規模感で投資しなければ、設備が小さすぎてつまらないコンテンツという印象を与えてしまうからだ。

また、あくまで市場調査に基づいて拡大していくということも忘れてはならない。第一弾、第二弾の投資が成功すると次々と投資して拡大したくなるものだが、商圏内の人口であったり、交通のインフラを加味した集客できる見込みの人数規模を超えるような投資をしてはならない。集客規模に見合わない固定費の増大は自分たちの首を絞めることになる。

アミューズメント事業は一般的に人件費を含めた固定費が高い傾向にあり、売上規模を見誤った投資は利益を生み出さず、経営を圧迫してしまう。勢いは大切であるが、勢いだけに任せた投資は長続きしない。

6　一極集中しない

場所による一極集中リスク

テーマパーク、アミューズメント業界において昔から指摘され続けた大きなリスクの要因となるものがある。

それが一極集中である。

一極集中にも種類があるが、まずは場所である。東京ディズニーリゾートは千葉県の浦安市に、ユニバーサル・スタジオ・ジャパンは大阪府の大阪市にある施設である。東日本大震災のときに東京ディズニーリゾートが1か月程度運休したように、施設が存在する場所において天災が発生すると、運休せざるを得ない。すなわちその期間は売上が発生しないのである。

もちろん、このことは両テーマパークだけではなく、ほとんどの施設において言えることである。そしてそれぞれの施設でリスク回避策を取ったり、取ろうとしたり動きはある。

リスク回避が主目的ではないかもしれないが、ユニバーサル・スタジオ・ジャパンを運営している合同会社ユー・エス・ジェイも一時期、沖縄進出が報道でも取り上げられていた。実現はしなかったが、沖縄に進出していれば、大阪に一極集中しているというリスクは一定程度解消されたであろう。

カラオケ店であったり、大型のゲームセンター、ボウリング場などは全国展開している企業が多く、そういった場合はリスクが低い。ある地域だけ、ある都道府県だけというような展開であれば、天災の規模によってはリスク回避にならないため、多店舗展開において一極集中リスクも考慮しておきたい。

単一事業であるリスク

一極集中は場所だけではない。事業も同じである。

テーマパーク・アミューズメント事業については、売上・利益ともに予算から大ブレしにくい事業ではあるが、安全面のリスクでも述べたように、1つの事故が事業そのものであったり、企業としての存続を左右することがある。

主たる事業のあとにテーマパーク・アミューズメント事業を設立したような企業、例えば、電鉄会社が沿線に遊園地を建設するようなケースであれば問題ないが、最近はテーマパーク・アミューズメント事業を主たる事業としている企業もある。

その場合は、施設運営によって得られたノウハウが事業として展開できないか考えていただきたい。サービス業としての接客や飲食のノウハウはもちろんのこと、園内の清掃であったり、機械の整備、装飾品の制作など多種多様な業種の集合体であるからこそ、地域の中で活用できるノウハウがあるはずである。

7　内製・外注のバランスを

テーマパーク・遊園地の業務とは

テーマパーク、遊園地、そして複合的なアミューズメント施設であればぜひ考えておかなければならないのが、内製と外注のバランスである。どこまでを自社で行い、どこからを外部の業者に委託するのかである。

テーマパーク・遊園地はそもそも業務内容が多岐にわたる。

アトラクションを動かしたり、メンテナンスしたり、飲食店舗もあれば物販店舗もある。清掃したり、植栽の管理もある。飲食店舗もメニューを考えたり、調理したり、食事を運んだり、壁の塗装が剥がれてきたら、塗り直さなければならない。それは複合的なアミューズメント施設においても同様である。

すべて自社で行うリスク

それらを自社で完結するということも選択肢としてあるだろう。ただし、すべて自社で行うということは、その分だけの固定費である人件費が発生するということである。経営者であれば固定費が大きくなることは避けたいと考えるだろう。さらに飲食であれば設備を整えるための投資額も大きい。

そしてもちろんノウハウも自社に存在しなければならない。誰でも飲食店舗をいきなり始められるわけではない。おいしい料理をつくることはもちろん、衛生面もノウハウが必要なのだ。

どこで内製・外注を切り分けるか

ノウハウをすでに保有しているのであれば、自社で実施もあり得るが、そうでない場合は外注することも1つの選択肢である。外注のメリットはすぐに始められることもあるが、撤退もしやすいことである。やってみてダメなら撤退することでリスクを最小限に抑えることができる。

では何を外注すべきだろうか。その判断基準の1つとして、委託しようとしているサービスが主たるサービスか否かである。

主たるサービスであれば自社で実施しなければならない。テーマパークや遊園地であれば、アトラクションの運営である。一方で飲食や物販は主たるサービスであろうか。もちろんイエスという回答もあるが、地方遊園地にとっては主たるサービスではない。あくまで遊園地に付随したサービスの1つである。

全国には主たるサービスを委託する遊園地もあるが、やはり自社設備でないからであろうか、接客にも気持ちがこもっておらず、楽しい雰囲気が台無しになっている。繰り返しになるが、主たるサービスは自社で実施することは必須である。

8　常日頃から現場力を鍛えておく

一番のリスク回避策

これまで経営観点でリスク回避であったり、リスクを最小限に抑えることについて述べたが、結局はこれが一番のリスク回避策と筆者が考えているのが、現場力である。

市場調査やテスト実施、段階的な投資は当たり前のことであるが、それらを実施したから確実に投資が成功するわけではもちろんない。投資に不確実性はつきものである。

さらに特にテーマパーク・アミューズメント業界に導入する機器やイベントは量産品ではないことが多い。すなわち初期不良が顕在化する場面が多くみられるのである。

そんな状況を救うのが現場力である。

現場力とは

現場力というのは、初期不良が発生したときに、いかに早く復旧できるかであったり、運休中に間を持たせるかなどである。お客様が設備を使えない、イベントを体験できないままであれば、それを目的に来場したお客様の満足度は間違いなく下がる。それをリカバーするための力と考えてほしい。

どんなに優れた戦略でも、どんなに優れた戦術でもそれを実行する現場の力が不足していては導入機器やイベントは成功しないということでもある。

どのように現場力を鍛えるか

では、どのように現場力を鍛えるかであるが、現場力を言い換えると不測の事態での対応力であったり、アドリブ力ともいえる。

それらは通常の施設運営をしていれば、自然と鍛えられる。テーマパーク・アミューズメント業界はマニュアルには書いていないイレギュラーなことが日々発生する。そういった環境で働いていると現場力を鍛えることを目的とせずとも鍛えられるのである。

ただ1つカギとなるのは、現場の自主性を尊重するということだ。これはマニュアルに書かれている範疇で、やってはならないこと以外はチャレンジすることを推奨するということである。

チャレンジを推奨しない風土であれば、何でもかんでも上長に指示や判断を仰ぐことになる。もちろん安全上の判断などはそうすべきであるが、リスクの小さい案件まで現場で判断できないのであれば、時間が無駄に過ぎるばかりでリスクを最小化するまでには至らない。対応スピードが遅いことでお客様の満足度も低下してしまう。

チャレンジできる風土でかつイレギュラーなことが多い環境で、自分で判断して行動できるからこそ現場力が鍛えられるのである。

９　メルマガ、ＬＩＮＥ＠などリストを確保しておく

集客が想定通りではなかったときは

集客に関する投資を行うと大なり小なりの結果が出るのがテーマパーク・アミューズメント業界の特徴でもある。もちろんＣＭであったり、ＳＮＳやチラシ・ポスターなどのプロモーション活動をすることは大前提である。

では、集客に効果があったとして、それが想定していた規模ではなかった場合にどうするかであるが、やはりそれもこちらから情報を提供する必要がある。しかも先述したような方法ではなく、一方的かつ確実に情報を届けるのである。

メルマガやＬＩＮＥ＠のメリット

それを可能にするのが、メルマガやＬＩＮＥ＠のようなツールである。

メルマガはメールマガジンの略であるが、登録されたメールアドレスに対して一斉にメールを送付するものである。ＬＩＮＥ＠もメールがＬＩＮＥに変わったと考えていただいて問題はない。どちらも情報を希望する人に対して、こちらから好きなタイミングで好きな回数だけ情報を提供できるのである。

カギとなるのは一方的にかつ確実に情報を届けるということである。

もちろんメルマガもＬＩＮＥ＠も開封されなければ情報を受け取り側が見ることはないが、開封率も工夫次第で高められる。ＣＭはＣＭの放送時間にテレビを見ていなければ、情報を受け取ることはない。ＳＮＳも情報の受け取り側がアプリなどを操作しない限り、情報は届かない。チラシ・ポスターも同じである。

それに対してメルマガやＬＩＮＥ＠は受け取り側の意志に関係なく情報が届くため、集客数を伸ばすために欠かせないのである。もちろん定期的に情報を提供していくことで、お客様の頭の中に施設のことを刷り込ませるという効果もある。

リストは自然に増えない

さらにメルマガであれば、性別・居住地・年齢などの情報を登録時に集めることも可能である。そうすればどういった層が多いのかデータの分析にも活用できる。ただし、登録時に入力する情報が多いと登録を辞退することも考えられるため、先に挙げたくらいの情報量が限度だろう。

なお、登録者名簿のようなものをリストというが、リストは自然に増えるわけではない。登録をこちらから促したり、入場料の割引や施設内での飲食代割引などを登録の特典として提供するなど、目先のメリットを用意することも必要である。また、お客様1人ひとりに泥臭く声をかけて登録してもらうことが結局は一番早かったりするため、日々の活動に組み込んでほしい。

10　すぐに呼べるキャラクター、パフォーマーを大切に

屋外施設にとって雨は大敵

屋外施設でよくあるリスクの1つに天候によるリスクが挙げられる。

特に雨である。

雨によってイベント規模が縮小したり、中止になることはよくある。これればかりは天候をコントロールできないため仕方ないが、集客数や満足度を下げる大きな要因である。また、雨の場合、雨が上がったとしても、地面が濡れていて滑る危険性があるからという理由でイベントへの影響が発生することもある。

ピンチヒッターを呼べるかどうか

そういった場合にリスクヘッジとして関係性を深めておきたいのが、ご当地キャラクターやパフォーマーである。

イベントが中止になるような天候が想定されるときに前もって出演を依頼しておくのである。もちろんご当地キャラクターといっても最近は人気のあるキャラクターばかりであるため、スケジュールを押さえられないこともあるが、関係性を深めておくとピンチを救ってくれることもある。

パフォーマーであるが、有名なパフォーマーである必要はない。ジャグリングなどを街中で披露しているパフォーマーのイメージである。

そしてパフォーマーの場合、食事は事業者側から提供するが、ギャラについてはギャラリーからの投げ銭ということにできれば事業者側の負担も少ない。投げ銭となるとパフォーマーとしてのやる気も変わってくる。実際に投げ銭の金額は大きく、事業者・パフォーマー・お客様の三方よしの施策でもある。

エンターテインメント要素として存在意義は大きい

ご当地キャラクターやパフォーマーであればテーマパーク・アミューズメント施設で見なくてもいいのではと思われる読者の皆さんもいらっしゃるかもしれない。

たしかにそれは一理ある。しかしそれがメインのコンテンツというわけではない。アトラクションに並んでいるとき、いろいろ乗って少し休憩したいときに変化球としてエンターテインメント的な要素をはさむと施設へのマンネリも防げる。

また、アトラクションであれば大型のジェットコースターのように、小さい子どもが乗れないものも多く存在する。そういった子どもを抱えるファミリー層にとっては家族全員で楽しめるコンテンツというのは非常に有効なのである。

第7章　テーマパーク＆アミューズメント事業の今後の展望

1　独自性と地域密着型

追いつき追い越せではダメ

かつてのバブル経済全盛の頃、各地でリゾート開発が進み、テーマパークをはじめとするレジャー施設のオープンが相次いだ。多くのレジャー施設ができたわけだが、今現在も存続し人々を魅了する施設にはどんな特徴があるのかを考えてみたい。

テーマパーク事業で成功しているディズニーを見習っていこうと、サービスや運営方法をマネてみた施設は多かった。

これ自体、間違いではない。今日でも多くの企業がパークでの研修や視察を行っており、そのサービスを学んで生かしているのは事実である。

問題は、学んだその先にある。ただそのまま表面だけを見て、形をマネるだけでは独自性が生まれず、いずれは「ディズニーっぽい」という評価で終わってしまう。

ディズニーに追いつき追い越せというだけではダメで、その施設独自のものがあるかどうかが重要である。

それは、ハード（施設面）・ソフト（サービス面）どちらの面であってもよく、さらにそれが大掛かりなものである必要もない。ポイントは、そこにしかないものを提供できるかどうかである。

地域密着の大切さ

地域に愛され、昔からある遊園地が地方で存続していることもまた事実である。地域密着型であることもまた、ある意味で独自性と言えるかもしれない。

①その場所にある必然性の勝利

家族との思い出の場所として、子どもが小さい時もしくは自分が小さい時からそこにある。地域に根ざしているからこそ、地域の人から愛され必要とされているという事実。

②新しさと懐かしさ

新型遊具を導入している場所もあるが、多くは古い遊具を大切にメンテナンスし今なお提供している。戻るべき所、いつでもあるという安心感。それとともにちょっとした新しさが加わることで陳腐化しない。

③等身大で遊べる場所

小さい頃から慣れ親しんだ場所で遊ぶことで、童心にかえることができる。もしくは無心になって遊べる。その地に住んでいれば、すぐそこにあるという安心感もある。

仕事で地方の遊園地やアミューズメント施設を訪れて思うのは、地域の人にとっては、そこにあることが当たり前で、いつでもそこに行け、その場所は楽しいということである。

お客様の表情・会話そして楽しい雰囲気を見ていると、地域に根ざした施設があることの重要性を改めて実感する。

2　テーマパークからテーマリゾート・テーマゾーンへ

滞在型レジャーの環境

学校の授業や講演で筆者が質問されることの1つに、今後のテーマパークの展望というものがある。その答えの1つとしてお話するのが、テーマパーク単体ではなく、ホテルやショッピングエリアなどの付帯施設を含めて、リゾートとしてエリア一帯を総合的に開発したり、テーマリゾートを超えて地域全体でレジャーの環境を提供する（筆者はこれを、テーマゾーンと呼んでいる）形になるのではないかとお伝えしている。

目的地としてパークに行くだけではなく、周辺施設で消費してもらうことが重要である。これからはパークに行き、さらにその地に滞在して余韻まで楽しんでもらう仕組みづくりを行う必要がある。

これの成功例がウォルト・ディズニー・ワールドだと筆者は考えている。現に、この20年ホテルは増加傾向にあり、リゾート内のショッピング・ダイニングエリアである「ディズニー・スプリングス」はエリア拡張が進んだ。

ウォルト・ディズニー・ワールドがあるアメリカ・フロリダ州オーランドには、他にテーマパークが多くあり、その地域全体がテーマパークやショッピングなどを楽しめるエリアとして存在している。

地域全体で

日本においては東京ディズニーリゾートが、規模の違いはあるもののテーマリゾートして千葉県浦安市に存在している。かつては1つのパークしかなかった場所が、今では一大リゾートである。

土地の制約もあり、日本ではウォルト・ディズニー・ワールドのような大規模なリゾート開発は難しい。となれば、一社で小規模なリゾートをつくるよりも、地域全体で協力してテーマゾーンとして滞在型レジャーを提供する方法が適していると筆者は考える。

そのためにはサービスレベルの統一や、ある程度のテーマや方向性の一致が必要であり、テーマゾーンを実現するのは簡単なことではない。

方向性の一致

昨今では地域観光活性化に向けて、地域一丸となって取り組んでいる地域も少なくない。テーマパーク・アミューズメント施設が地域を巻き込んで、地域全体で観光・レジャーを盛り上げることが今後は必要になってくる。

その際に重要なのが、地域の施設が同じ方向性やテーマに向かって取り組み、進んでいく姿勢である。この協力して進んでいく姿勢こそが、地域全体で独自性を創出する鍵になるのである。

3　スマホでは体験できない「リアル」を提供する

「手のひらの中」のレジャー体験

最近では、専用キットを購入しスマートフォンを取り付ければ、簡単にＶＲ（仮想現実）を用いた映像やゲームが楽しめるようになってきている。

少し前までは、映像技術を駆使した最先端の体験は、施設に足を運ばなければできなかったが、もはや自宅にいながらにして楽しめる時代になっている。

「手のひらの中」でレジャー体験ができる時代なのである。

また、来場前の情報収集をする段階でも、アトラクションやショーを、疑似体験できるコンテンツがあることも多い。

自宅でレジャー体験や擬似体験ができてしまう時代に、実際に施設に足を運んでもらうためには、「手のひらの中」では体験できないものを提供する必要がある。

ここ数年のテーマパーク・アミューズメント施設のライバルである「手のひらの中」にあるレジャー、スマートフォン。このスマートフォンでは体験できない、昔ながらの全身で体感できるアトラクションは、今後も必要であり支持されると筆者は考える。それは体験後の楽しい記憶の深さに影響するからである。

記憶のレベル

読者の皆さんは、スマートフォンで映像を見て体験したものと、実際に現地に足を運び体験したものとで、記憶に残るレベルが違うと感じたことはないだろうか？

観光地の写真をみたり、ＶＲでその場所を体験できるコンテンツなどで、行った気分になることはできる。

しかしながら、それは気分で終わってしまう。実際に足を運んで、匂いや空気感、体の感覚、周りの音などを感じたり、そこに誰かとの会話や楽しいことが加わると、楽しい思い出として強く印象に残るのでないだろうか？

リアル体験

多くのものがＩＴ技術によって疑似体験できてしまう現代。リアルな体験がより一層貴重になってきているからこそ、実際に体験できる場所や乗り物が貴重なのである。

そこでしか体験できないものを、クオリティ高く提供する。その体験の結果、よい思い出となって記憶に残り、またそこに来たいと思う。この繰り返しを生むために日々努力しなければならない。

大型投資で新しい設備を導入することも１つの手段である。現実にそこでしか体験できないものを提供できる。さらに、人の手が加わることで、その瞬間、そこでしか提供できない時間や体験を提供するというのも、リアル世界の楽しみの１つである。

4　人がブランドをつくりあげる

人はいなくならない

ＩＴ技術の進歩で、ＡＩを活用した省力化や、従来人の手で行っていた作業を機械化することが流れとなってきている。

この流れに乗ると、いずれテーマパーク・アミューズメント施設から、働く人が少なくなってくるのではないかと、心配になる人もいるかもしれない。

しかしながら心配は無用で、今後は人にしかできない部分に注力し、機械化できる部分は機械に任せることで、必要な場所に人を配置することが進んでいくことになる。

やっぱり人

どんなに技術が進歩しても、楽しい思い出や忘れられない感動体験を生み出すのは、人と人との関わりからである。人間にしかできない部分で独自性を生み出しお客様を呼び込むのである。

アトラクション・遊具の進化だけに頼り集客するだけではなく、人が加わることでさらに魅力が増し、成長・発展・支持され続ける施設になるのである。

今後より一層、働く人が重要になっていくことは間違いない。

人でブランドをつくっていく

新しいアトラクションやショー、商品や飲食物など様々なモノでブランドをつくりあげていくことも大切である。

しかしながら、それだけで施設のブランドをつくりあげられるかと言われると、難しいと筆者は考える。

やはり、人と人が接し、「ここに来ると楽しい思い出がつくれる」「このパークなら間違いなくいい体験ができる」「あの人に声をかけてもらったから今日は楽しかった」という、素敵な記憶が残り、また行きたいと思ってもらえる場所になれるかどうかではないだろうか。

ただ単に、最新式のアトラクションがあり、機械的に乗車し帰るだけでは、決して前述のような感情は生まれない。

そこで接する従業員からの話しかけや対応によって、その施設独自の雰囲気やサービスが生まれ、やがてそれが差別化の１つとなり、ブランドとなっていく。

そのためには、マニュアルどおりの対応ではなく、人それぞれ違った対応というのがポイントになる。

サービスとホスピタリティの部分でも書いたとおり、お客様に興味を持って接することができる従業員を１人でも多く増やすことが重要である。

そのためには、従業員を大切にし、ともに歩み成長する姿勢が大切だと筆者は考える。

5　違いがあるからおもしろい

合わせる必要はない

どこかの施設のサービススタイルに合わせたり、マニュアルでサービス内容を1から10まで指定してサービスを提供するという必要もない。

最低限のサービスレベルは維持する必要はあるが、それ以上の部分は、人それぞれ違ったサービスでもよい。その違いがお客様にとって異なる体験を1日に何度もできるということにつながり、最終的にはその施設の独自性になる。

人それぞれ、施設それぞれのサービスの違いがあるからこそ、面白いのである。

違いを生み出す文化

ただ単に、自分で考えて独自性の高いサービスを提供するようにと伝えても、従業員は育たない。安心してそれを実践できる職場環境や企業文化の下支えが必要である。

その下支えがあり、さらに新規入社者に対して先輩が丁寧で親身に指導し一緒に成長していく環境の提供が重要である。トレーニング後も気にかけ、ことあるごとに指導・育成を行い、違いを尊重し、安心して長く働けるよう努力し続けることが、施設の成長につながるのである。

6　顧客満足度より従業員満足度

従業員満足度を高めようとする企業が増加傾向

テーマパーク・アミューズメント業界は言わずもがな、接客・サービス業がメインである。接客・サービス業といえばＫＰＩ（Key Performance Indicator: 重要業績評価指標）にも挙げられるのが、顧客満足度である。リピートビジネスである本業界において、リピート率を高めるためにも、顧客満足度の向上は不可欠である。

ただし、最近は顧客満足度の向上は当たり前として、それ以上に従業員満足度を高めようとしている企業が多くみられる。なぜだろうか?

国内全体の課題：人手不足

その背景にあるのは、人手不足である。昨今の人手不足は他業界でも多く見られるが、本業界もかなり深刻である。

この課題にも2つのタイプがあり、大型テーマパークのように、年間の集客において波が少ない施設は、そもそも多くの人材が必要であるため、1年を通した採用活動が必要である。絶対数が多く必要となるが、学生のアルバイトは学校の卒業とともに就職するため、入れ替わりが激しい。

一方で中規模以下の施設であれば、土日祝、ゴールデンウィークや夏休みなど一定の期間だけ忙しくなるため、正社員を多く抱えると閑散期に労力が余剰となることから、そのバランスをとることが難しい。従業員の立場では繁忙期しか仕事がないため、稼ぎたいという人にとっては、平日などの閑散期にできるアルバイトと掛け持ちしなければならない。

また、本業界の時給が高いかというと、テーマパークや遊園地の規模にかかわらず、高くはない。もちろん筆者が知り得る限り、各都道府県の最低賃金は上回っているという程度である。地方の遊園地でコンサルテーションの際に、大型テーマパークの時給をよく聞かれるが、答えても「あまり変わらないんですね」とがっかりされる。そもそも稼ぐという目的が強い人にとっては夢のないところかもしれない。

楽しいことばかりではない

では何に魅力を感じる人が多いかであるが、やはり仕事そのものへの魅力、テーマパークやアミューズメント施設という職場の魅力であろう。本業界ほどお客様の笑顔であふれている職場もほかに見られないため、働いてみたいという人は多い。

しかし、実際に働いてみるとどの業界にも通ずることであると思うが、楽しいことばかりではない。例えばアトラクションの担当になれば、大きな機械を動かすことになる。スマートフォンなど小型の機械に触れることはあっても、自動車離れと呼ばれる時代に大型の機械を動かす経験はなかなか積めないものである。そのため、機械を動かすということにもプレッシャーが発生するし、当然ではあるが、操作ミスは1つ間違えばお客様の命にも影響する。高校を卒業したばかりの若者にお客様の命とはなかなか責任の重たい仕事である。

こちらも当たり前ではあるが、夏は休憩がもちろんあるものの、炎天下での接客が多くなる。当然だが、お客様だって暑さの影響でストレスはたまる。その環境下での接客は想像以上にハードだ。仕事は楽しいのだが、それと責任感や実際の賃金とを比較したときに、同じ時給なら楽な仕事をしようとする人もいる。

働いてみたいという人は多い一方で、離職も多いということが人手不足の原因である。

従業員満足度と顧客満足度はリンクしている

そういった背景があるため、離職を少しでも減らすために従業員満足度を高めようとする企業は今後増えていくだろう。さらに、そこに成功した企業が生き残っていくと考えられる。

また、株式会社ユー・エス・ジェイ勤務時代に先輩から「おれたちが楽しくなかったら、ゲスト（お客様）は楽しくねぇだろうが」と言われたことをいまだに覚えている。お客様は楽しみに遊びに来ているのに、提供者である従業員が楽しそうに仕事をしていなかったら、楽しめるわけがない。

遠回りのように感じられるかもしれないが、従業員満足度を高めて従業員が楽しく働くことも顧客満足度向上に確実につながっているというのは非常に大事なポイントである。

7　従業員満足度を高める4つのポイント

従業員満足度を高めようとする企業が増加傾向

前項のように従業員満足度を気に掛ける企業は増加するだろう。そこで、クライアント先で効果があった従業員満足度の向上策を示す。実施には時間も費用も少なからず必要ではあるが、すぐにできることもあるため、ぜひ実践していただきたい。

①キャリアパスを示す

本業界は非正規従業員の比率が高い。その中には家族を養っている従業員もいて、収入は非常に大切な要素である。すぐに時給を上げることは難しいかもしれないが、昇給の見通し、正社員への登用の条件など、従業員が自分でこれからのキャリアパスを描けるように情報提供することも必要である。

何よりも将来が不透明であることが、心に不安を持つ要因にもなる。将来が少しでも明らかになるだけでも心に余裕ができる。

②面談の実施

テーマパークや遊園地は大型の施設であれば従業員は多いが、そうでなければ1つのアトラクションを1人で1日担当することはよくある。そういった環境では従業員同士のコミュニケーションが少なくなる。ましてや事務所側の従業員とのコミュニケーションは非常に少ない。その事務所側の従業員が現場の従業員の人事評価をすることがほとんどであるが、普段コミュニケーションの少ない人に評価されるというのはいかがであろうか。少なくとも評価に納得はいかないのではないだろうか。

事務所側と現場側のコミュニケーションを面談という形で増やして、見てもらえているということを現場側にも感じていただきたい。

③少額でもボーナスを

経営側からすればなかなか厳しいかもしれないが、少額でもボーナスを全従業員に出していただきたい。定期的な収入とは別に臨時収入があるとモチベーションにもなり、さらに手渡しで感謝の気持ちを伝えながら渡していただくと効果もある。

④食事会など全員参加しやすい社内イベント

全体研修などを実施した後に、出前でもいいので全員で食事をとるような社内イベントを実施いただきたい。もちろん業務としての実施である。食事を取りながらであれば、リラックスして本音も話しやすく、現場の従業員が求めていることも引き出せるようになる。

これらは例ではあるが、まずは従業員を大切にするという気持ちからである。その気持ちがなければ何をやっても効果はない。手段が目的にならないように留意いただきたい。接客の安定感、安全運行も従業員が定着するからこそできることでもある。

8　テーマパークを街ととらえなければ衰退する

業界内の構造

今後の展望という章において「衰退する」とは穏やかではないが、筆者がテーマパークや遊園地のコンサルテーションをしていて強く感じるポイントである。少し先述しているが、テーマパークや遊園地、アミューズメント施設は、それを主として事業展開している企業は少ない。

親会社は鉄道会社であったり、地元の大企業であることが多く、テーマパークなどの事業が大きな利益を生み出さなくても、それほど困らないということがよく見られる。そういった環境下で、親会社やグループ企業からテーマパークなどの運営会社へ異動してきて、課長クラスがいきなりパークの園長や支配人といったいわゆるトップを任されるケースは往々にしてある。

例えば、昨日まで鉄道事業に従事していた人が、いきなりテーマパークや遊園地の責任者になるのである。読者の皆さんはそれが務まると思うだろうか?

実際は何とかなるものである。アミューズメント系の施設における日々の運営は現場の従業員のいわゆる現場力で成り立っている。極端なことを言えば1週間くらいは現場力だけで運営は成り立つのである。ただし何とかなるだけであって、運営と経営は別である。

目の前の運営は現場力でしのぐことができても、将来的なイベント開発や商品の在庫管理、飲食のテナント管理など継続的に事業として経営していくには現場だけではなく、事務所側の力が不可欠である。それをいきなり責任者になった人間ができるかであるが、いかがだろうか？

テーマパークは街である

これは非常に難しい。大型のテーマパークでは６００種類以上の業務がパークの中にあると言われている。筆者は本業界に入ってアトラクションでの接客を皮切りに、昼間・夜間の清掃業務、アトラクションのメンテナンス、機械部品の設計、品質管理、安全管理などを行った。他にもイベント制作の管理や各種データ分析など多岐にわたる業務に就いたが、それ以上に多くの業務がある。パークの中に飲食店があるが、ホール担当、調理担当だけでなく、メニューの開発、メニュー表のデザイン、材料の仕入など多くの業務で成り立っている。物販店、パーク内のパトロール、チケット販売、出入り口の管理など挙げきれないくらいある。

パークの裏側でも技術系の部署であれば、筆者の経験以外であれば、建築、植栽の管理、デザイナー、ペインター、電気・ガス・水道などのインフラ管理などこちらも挙げきれない。看護師が常駐しているテーマパークや遊園地もあれば、従業員用の理容室が存在するところもある。

すなわちテーマパークは街なのである。いきなりテーマパークや遊園地の責任者になるのは、街の管理責任者になることとまったく同じと言っても過言ではないのである。そう考えると非常に責任も重く、業務範囲も広いと想像いただけるのではないだろうか。

トップにはエースを投入すべき

だからこそそういったポジションには、企業の中でもエースと呼ばれる人材を持ってこなければ務まらない。もちろん企業の経営と同じであるが、責任者やトップがすべてを担わなければならないわけではない。飲食なら飲食の責任者が管理すればいいのである。集客が安定してでき、収益構造も健全な施設はエース格を配置してさらに各部門の担当者も非常に優秀な人材が能力面だけでなく、人数もそろっている。だからテーマパークや遊園地に造詣が深くなくても責任者が務まるのである。

しかし、集客がそれほど伸びず、収益も赤字続きというような企業は人が足りていないことが多い。責任者は優秀であることが多いが、1人では解決できない課題が多すぎるため、なかなか結果に結びつかないのである。

たしかにテーマパークや遊園地、アミューズメント施設は大型のテーマパークでない限り、売上は中小企業、むしろ小規模企業のそれとほとんど変わらない。売上が年間で10億円前後の遊園地もたくさんある。そういう意味では、人材という経営資源を優先的に配置できないというのももっともである。

腰を据えて取り組ませる

では、どうすればいいのかであるが、もし親会社やグループ企業からアミューズメント施設の運営会社に異動させた場合、少なくとも3年はトップや各担当を固定していただきたい。

特にテーマパークや遊園地は先に挙げたように業務が多岐にわたる以外に、季節性も大きな要素となる。地方の遊園地であれば、年間の売上はゴールデンウィークと夏休みに大きく左右される。季節ごとのイベントによってお客様の属性も大きく変わる。特にゴールデンウィークと夏休みの売上の寄与は大きく、そこに悪天候や異常気象などが重なった場合、その他の期間で売上を取り戻すのは至難の業である。それは実際に経験してみないとわからないだろう。したがって、最初の1年は事業の理解に必要なのである。

そして、もう1つは現場従業員とのコミュニケーションである。いきなり別事業から異動してきた人間が運営責任者となるのであるが、現場からすれば、それを受け入れられるであろうか。よくも悪くも、現場としては自分たちがこの施設の運営を行っている、お客様と直接対応しているのは自分たちだという自負があるだろう。実際にこの自負は大きい。別事業では優秀でも、テーマパークや遊園地については素人が責任者になるのであるから、現場との溝はどうしても発生する。それを埋めるために1年は必要だと様々な施設を拝見して感じている。

そしてその1年を経て、2年目以降で初めて責任者として施設の改善や成長のことを考えられるのである。もちろん、責任者が施設の現場からの叩き上げならこの1年は考えなくてもいいが、テーマパークや遊園地は街である。街の運営がそんな短期間でできるものではないということはおわかりいただけると思う。ぜひ事業者の方には、施設の維持・発展のためにもその点を留意いただだきたい。

9　ハードの拡大か縮小の二極化

展示会でも大型機器は少ない

今後、テーマパーク・アミューズメント業界において、設備などのハード面は拡大か縮小の二極化が進行していくと考えられる。

実際に業界の展示会においても大型機器の展示は非常に少なく、オリジナルの物販製造の委託であったり、ハードといってもＶＲのようにコンパクトなものがほとんどである。ハードを縮小する傾向にある施設ではソフト面を充実させていくだろう。

大型機器の集客力

そういった背景にあるのは、１つは大型機器の集客力である。

大型のテーマパークであればアトラクションが新しく導入となると話題性もあり、全国ニュースになることもあって集客増に大きく寄与するのであるが、地方遊園地に新しいアトラクションが導入といっても大きな話題にはならない。その遊園地では初めて導入するアトラクションであっても、ほかの遊園地ではすでにまったく同じものが導入済み、もしくは似たようなコンテンツで導入済みということが多い。

数年で投資を回収できるような設備であれば投資もするだろうが、そこまで期待できるものがないのが現状である。そのためハードの拡大は非常にハードルが高い。

ハードの導入によって発生する固定費

２つ目の理由は維持費である。

新しい設備を導入するということは、それを操作する人員が新たに必要となる。もちろん設備もメンテナンス不要というわけにはいかないので、施設維持費が発生する。本章で述べたような人材不足、そして投資の回収が難しい中で人と維持費がさらに必要となるのは経営を圧迫することは言うまでもない。

継続投資が必要に

さらに新しい設備を導入すると施設全体で利益を生み出すような効果を出す必要がある。ハードの拡大で集客できる施設は、継続的にハード拡大が必要となる。そのためのキャッシュを新しく導入した設備によって生み出しておく必要があるのである。

また、日々のメンテナンス以外にも機器の更新にも費用が必要となる。そういった背景があるため、ほとんどの施設においてハードは縮小し、ソフト面で集客や満足度向上を図るようになるだろう。

10　従業員にお金の研修を

情報量と質の格差を埋める

前項で述べたように、特に地方の施設ではハード設備の縮小傾向は避けられないだろう。ただし、できないわけではない。投資を行うための余剰があり、投資の回収ができるのであれば、企業として投資の判断をするであろう。従業員1人ひとりがチラシを配る、企業の公式SNSアカウント上で情報を発信し続ける、現場でも接客改善によって導入設備の利用率を高めるなど小さなことでも積み上げていけば、投資を回収できるだけの効果は生み出される。

従業員もハードの拡大によって自分が働いている施設が豪華になるとうれしいものである。しかし、新しい設備が導入されることはもちろんお客様の満足度向上にもつながるが、投資の効果として最大限発揮できていないケースが多い。

それは、新しい設備の導入によって会社や施設全体がどのように変わるのか、どれくらい利用してもらわなければさらに新しい設備が導入できないかなどの情報量と情報の質に格差があるからだ。こういった格差を埋めるために、ぜひ従業員に対して施設内のお金の流れの研修・教育を行っていただきたい。

お金の研修によって見える明るい将来

筆者は中小企業診断士でもあり、一般社団法人日本キャッシュフローコーチ協会にてキャッシュフローについて学んだことをテーマパーク・アミューズメント業界で伝えている。入場者が10％増えると利益はどれくらい増えるのか、客単価をどうやって上げればいいのか、粗利率をどのように上げればいいのか、固定費は削減できないかなど予備知識がなくても理解できるような研修を行っている。

そこで受講する従業員の皆さんが見せる、ほかの業界とは大きく異なる一面がある。ほかの業界では、自分たちの給料の昇給原資をどのように増やすかという話をすると前のめりになって聞いてくれることが多い。しかし、テーマパーク・アミューズメント業界ではそこにほとんど興味を示さない。

興味を示してくれるポイントは利益を生み出すことで投資の原資を増やせれば、ハード拡大への投資ができる可能性が上がるというところである。やはり自分たちが働く施設が豪華になれば嬉しいのだ。さらになぜ嬉しいか聞いてみると、お客様も喜んでくれるからと言ってくれる。

私はこういうことを言ってくれる従業員がいる限りは、本業界はまだまだ元気であると信じている。そしてそういう思いを持っている従業員が、どうやってお客様からお金をいただき、サービスとして還元できるかという知識を持ち、行動できるようになれば、ますます施設として発展していくはずである。

あとがき

本書を手に取りお読みくださった読者の皆様に改めて感謝申し上げます。

中学生の時に東京ディズニーランドに関するビジネス書を読んで、テーマパークの素晴らしさを知りました。子どもから大人までそれぞれが楽しめる「ファミリー・エンターテイメント」というコンセプトがいずれ日本に浸透すると信じて、テーマパークを目指すことにしました。

多摩大学でレジャー産業論を学び・研究し、在学中の１９９６年にアメリカ・フロリダ州にあるウォルト・ディズニー・ワールド・リゾートに行きました。そこで滞在型テーマパークレジャーの可能性に気づき、将来日本で滞在型レジャーが浸透すると確信しました。

それから23年、それは現実のものとなりました。多くの日本人がテーマパークレジャーを楽しみ、宿泊して楽しむ方も出てきました。

このあとがきは、14回目のウォルト・ディズニー・ワールド・リゾート行の機内で書いています。多くの方にテーマパーク・アミューズメント施設の素晴らしさを知っていただくのが私のお仕事です。そのためには、実践しその体験を伝えることが必要であると思い、定期的にテーマパークに足を運んでいます。

19年勤めた合同会社ユー・エス・ジェイでのテーマパーク人としての経験、そしてテーマパークを定期的に訪れるゲストとしての視点。この2つをもって、現在は日本全国の学校や企業、団体様での講演を行なっています。

本書をお読みいただいた読者の皆さんに、講演や授業で実際にお会いできる日を楽しみにしております。もしかすると、それよりも先に本書を読んだ読者の皆さんが、テーマパーク・アミューズメント施設に足を運ばれて、そこで出会うほうが先かもしれません。

本書は、テーマパークコンサルタントとして活躍されている、ユー・エス・ジェイ時代の同僚であり起業家の先輩である、清水群さんからのお誘いを受け、即決してお引き受けしました。

多くのテーマパーク・アミューズメント施設ファン、運営者、そして就職を目指す学生の方のお手元に届くこと願って書き上げました。

皆さんのレジャー時間を充実したものにするための一助になれば、テーマパーク人・講演家としては嬉しい限りです。

本書執筆にあたり、お誘いくださった群さんはもちろん、レジャー産業研究を大学卒業後も支えてくださっている、多摩大学副学長の杉田文章教授。ディズニーストアの先輩であり、講師の先輩でもある、ディズニー博士の有限会社加賀屋感動ストアーマネージメントの加賀屋克美さん。大和商業高等専修学校の校長であり本執筆の先輩でもある、父　杉崎忠久。日々支え助言をくれる妻やユー・エス・ジェイ時代の多くの仲間をはじめ、応援して下さっている友人・知人の皆様に、紙面をお借りして改めて感謝申し上げる次第です。

２０１９年7月

レジャーコンダクター 杉崎　聡紀

著者略歴

清水　群（しみず　ぐん）

1981年兵庫県生まれ。株式会社スマイルガーディアン代表取締役、テーマパークコンサルタント、中小企業診断士。日本を代表する二大テーマパークで接客、機械メンテナンス・設計、安全管理、業務改善など10年担当したのち、二大テーマパーク出身の日本で唯一のテーマパークコンサルタントとして独立。「世界中の笑顔を守る」という企業使命のもと、国内外の遊園地やテーマパークの経営改善、安全性向上などをサポートしている。また、テーマパークや遊園地で遊びながらビジネスを学ぶ「テーマパークで社員研修」と題した楽しく積極参加できる研修に定評がある。
株式会社スマイルガーディアン　https://www.gunsul.jp/

杉崎　聡紀（すぎざき　あきのり）

レジャーコンダクター　1978年1月生まれ。中学生時代に読んだテーマパークビジネス書をきっかけにテーマパークのお兄さんを目指し始める。その後、多摩大学にてレジャー産業経営論を学ぶ。在学中ディズニーストアにて4年間勤務。

2000年合同会社ユー・エス・ジェイに新卒一期として入社し、清掃部門にてパークの立ち上げに携わる。その後、運営部門のほとんどの部署を経験し、運営や人材育成、組織マネージメントを行う。

2015年レジャーコンダクターとしての活動スタート。

2019年合同会社ユー・エス・ジェイ退職・独立。学校でのキャリア教育や、修学旅行事前学習など、テーマパークの“おもしろさ”からワクワク・ドキドキする講演・研修を学校・企業・団体向けに行う講師として全国で活躍中。

ホームページ：https://www.g-lecon.com

**テーマパーク・アミューズメント事業
知っておきたい最新トレンドと成功の秘訣**

2019年9月19日　初版発行　　2023年10月18日　第3刷発行

著　者　清水　群　© Gun Shimizu
著　者　杉崎　聡紀　© Akinori Sugizaki
発行人　森　忠順
発行所　株式会社 セルバ出版
〒113-0034
東京都文京区湯島1丁目12番6号 高関ビル5B
☎ 03（5812）1178　FAX 03（5812）1188
https://seluba.co.jp/
発　売　株式会社 三省堂書店／創英社
〒101-0051
東京都千代田区神田神保町1丁目1番地
☎ 03（3291）2295　FAX 03（3292）7687

印刷・製本　株式会社丸井工文社

Printed in JAPAN
ISBN978-4-86367-522-3